Aymen Sioud

Approches hybrides pour la résolution d'un problème d'ordonnancement

Aymen Sioud

Approches hybrides pour la résolution d'un problème d'ordonnancement

Application à un problème industriel

Presses Académiques Francophones

Mentions légales / Imprint (applicable pour l'Allemagne seulement / only for Germany)
Information bibliographique publiée par la Deutsche Nationalbibliothek: La Deutsche Nationalbibliothek inscrit cette publication à la Deutsche Nationalbibliografie; des données bibliographiques détaillées sont disponibles sur internet à l'adresse http://dnb.d-nb.de.
Toutes marques et noms de produits mentionnés dans ce livre demeurent sous la protection des marques, des marques déposées et des brevets, et sont des marques ou des marques déposées de leurs détenteurs respectifs. L'utilisation des marques, noms de produits, noms communs, noms commerciaux, descriptions de produits, etc, même sans qu'ils soient mentionnés de façon particulière dans ce livre ne signifie en aucune façon que ces noms peuvent être utilisés sans restriction à l'égard de la législation pour la protection des marques et des marques déposées et pourraient donc être utilisés par quiconque.

Photo de la couverture: www.ingimage.com

Editeur: Presses Académiques Francophones est une marque déposée de
Südwestdeutscher Verlag für Hochschulschriften GmbH & Co. KG
Heinrich-Böcking-Str. 6-8, 66121 Sarrebruck, Allemagne
Téléphone +49 681 37 20 271-1, Fax +49 681 37 20 271-0
Email: info@presses-academiques.com

Produit en Allemagne:
Schaltungsdienst Lange o.H.G., Berlin
Books on Demand GmbH, Norderstedt
Reha GmbH, Saarbrücken
Amazon Distribution GmbH, Leipzig
ISBN: 978-3-8381-7118-0

Imprint (only for USA, GB)
Bibliographic information published by the Deutsche Nationalbibliothek: The Deutsche Nationalbibliothek lists this publication in the Deutsche Nationalbibliografie; detailed bibliographic data are available in the Internet at http://dnb.d-nb.de.
Any brand names and product names mentioned in this book are subject to trademark, brand or patent protection and are trademarks or registered trademarks of their respective holders. The use of brand names, product names, common names, trade names, product descriptions etc. even without a particular marking in this works is in no way to be construed to mean that such names may be regarded as unrestricted in respect of trademark and brand protection legislation and could thus be used by anyone.

Cover image: www.ingimage.com

Publisher: Presses Académiques Francophones is an imprint of the publishing house
Südwestdeutscher Verlag für Hochschulschriften GmbH & Co. KG
Heinrich-Böcking-Str. 6-8, 66121 Saarbrücken, Germany
Phone +49 681 37 20 271-1, Fax +49 681 37 20 271-0
Email: info@presses-academiques.com

Printed in the U.S.A.
Printed in the U.K. by (see last page)
ISBN: 978-3-8381-7118-0

i

TABLE DES MATIÈRES

CHAPITRE 1

INTRODUCTION GÉNÉRALE

2

L'excellence par la qualité est la stratégie adoptée par toutes les entreprises performantes qui connaissent le succès commercial, économique et technologique. La clé de ce succès repose sur le même principe, qu'il s'agisse d'une entreprise manufacturière ou de services et consiste à dépasser les attentes des clients en offrant des produits et/ou des services de qualité. Tel est le but ultime de la *gestion intégrale de la qualité* tout en cherchant à améliorer constamment tous les processus internes et externes, et ainsi contribuer à la réussite de la *qualité totale*. Cette *qualité totale* est réalisée par un effort commun de toutes les personnes œuvrant au sein de l'entreprise : dirigeants, personnel, fournisseurs, transporteurs, etc. Le courant de la *qualité totale* est apparu au début des années cinquante comme étant un modèle alternatif au fordisme et au taylorisme, tous deux appliqués à cette époque dans la majorité des entreprises. Ce modèle devait être adapté aux multiples contraintes socio-économiques de l'époque en minimisant les pertes engendrées par une qualité absolue.

Dans ce même contexte et au début des années quatre-vingts, plusieurs innovations ont vu le jour pour assurer à l'entreprise une dynamique évolutive permettant de s'adapter au mieux aux besoins du client et visant à atteindre la *qualité totale*. La plupart de ces innovations ont été proposées par des entreprises japonaises et américaines, telles Toyota et Motorola. Également, avant d'intégrer l'ensemble de l'entreprise, ces innovations ont été tout d'abord incorporées dans les systèmes de production, notamment dans celui de Toyota (*Toyota Production System*). En effet, tel est le cas, par exemple, pour le *5S* qui est une méthode d'organisation issue des usines Toyota et fondée sur cinq mots japonais commençant par un *S* [Imai, 1997]. Cette méthode se focalise sur la propreté et l'organisation optimale des postes de travail tout en incitant à respecter et à améliorer ces deux thèmes. Il en est de même pour la production épurée (*Lean Manufacturing*) [Holweg, 2007] qui est une philosophie visant une amélioration continue en éliminant les gaspillages regroupés en 7 catégories : les productions excessives, les attentes, les transports et manutentions inutiles, les tâches inutiles, les stocks, les mouvements inutiles et les productions défectueuses. De son côté, le juste-à-temps (*Just-in-Time*) [Shingo, 1989] est une méthode d'organisation et de gestion de la production propre au secteur de l'industrie manufacturière, consistant à minimiser les stocks et les en-cours de fabrication. Le *6 Sigma*, issu des usines de Motorola [Tennant, 2001], est une méthodologie de gestion de la production qui se base sur une démarche structurée fondée à la fois sur les besoins des clients et sur des données mesurables et fiables. Elle vise une amélioration de la qualité et de l'efficacité des processus en offrant des techniques et des outils pour en améliorer la performance tout en réduisant les défauts. D'autres méthodes, comme le *SMED* (*Single Minute Exchange of Die*) [Shingo, 1981] et la Technologie de Groupe Assistée par Ordinateur (*TGAO*) [Holweg, 2007], n'ont été appliquées que pour les systèmes de production. En effet, le *SMED* est une méthode d'organisation visant à réduire de façon systématique les temps de réglages des équipements dans le système de production avec un objectif quantifiable. Né aux États-Unis au sein de l'industrie manufacturière, le *TGAO* est une méthode qui regroupe les pièces par famille afin de tirer profit de leurs analogies.

Appliquées aux systèmes de production, toutes ces innovations ont permis aux entreprises d'améliorer leur productivité, de créer une valeur ajoutée sur les produits et de répondre au mieux aux attentes des clients tout en respectant les délais et les spécifications de fabrication [Aquilano *et al.*, 2005]. De même, les méthodes de pilotage du système de production ont été revues et améliorées au fil des ans pour répondre efficacement aux quatre questions suivantes : que produire, quand produire, quelle quantité produire et où produire. Ainsi, plusieurs outils commerciaux, tels APO de SAP, BAAN de SSA Global Technologies, DBMS SCHEDULER d'Oracle, Manugistics de JDA Software Group, ILOG LogicTools d'IBM ou encore JDEdwards ERP de PeopleSoft, sont proposés pour permettre aux entreprises industrielles de gérer leurs systèmes de production.

La gestion des systèmes de production comporte plusieurs niveaux hiérarchiques de décision, allant du niveau stratégique (à long terme) au niveau tactique (à moyen terme) et au niveau décisionnel (à court terme) [Aquilano *et al.*, 2005]. Dans le cadre de ce travail de recherche, nous nous intéressons aux activités de planification au niveau décisionnel. Ainsi, à la suite d'un plan global de production établi pour répondre aux besoins à moyen terme, un *plan directeur de production* (*PDP*) est défini à court terme. Celui-ci détermine les produits et les quantités de ces besoins qui devront être produites hebdomadairement. Le *plan directeur de production*, l'état des stocks et les nomenclatures de produits permettent alors de réaliser la planification des besoins en composants ou encore un *MRP* (*Material Requirements Planning*). Cette étape de la planification génère alors un ensemble d'ordres de fabrication à réaliser durant une période donnée. Il reste alors à préciser la séquence dans laquelle ces ordres de fabrication seront réalisés sur les différentes machines. Dans ce cadre, les décideurs cherchent donc plus particulièrement à résoudre la problématique de l'ordonnancement des opérations, c'est-à-dire l'affectation des travaux aux machines pour en déterminer les dates de début et de fin.

La Figure 1-1, une adaptation de Pinedo [2002], présente la théorie de l'ordonnancement comme une branche de la recherche opérationnelle s'intéressant au calcul des dates d'exécution optimales des travaux. Pour cela, il est très souvent indispensable d'affecter en même temps les ressources nécessaires à l'exécution de ces dernières. Ainsi, un problème d'ordonnancement consiste à organiser, dans le temps, la réalisation de travaux, compte tenu de contraintes temporelles (délais, contraintes d'enchaînement) et de contraintes portant sur la disponibilité des ressources requises. Que ce soit dans le domaine manufacturier ou dans le domaine des services, un problème d'ordonnancement peut être présenté comme un problème où il faut établir le déclenchement et le contrôle de l'avancement d'un ensemble de travaux à travers les différents centres composant le système.

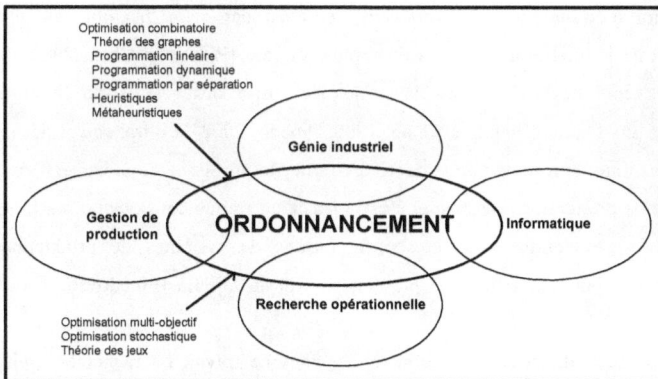

Figure 1-1 : L'ordonnancement (adaptation de Pinedo [2002])

De plus, l'ordonnancement fait intervenir, entre autres, le génie industriel, l'informatique, la gestion de la production de même que des méthodes de résolution issues d'autres domaines d'applications, comme l'intelligence artificielle. La solution d'un problème d'ordonnancement est donc définie par le planning, ou encore la séquence d'exécution des travaux (« ordre » et « calendrier »), et par l'allocation des ressources visant à satisfaire un ou plusieurs objectifs. Ainsi, un travail est une entité élémentaire localisée dans le temps par une date de début et/ou de fin dont la réalisation nécessite une durée et qui consomme une ressource avec une certaine intensité. La ressource est, quant à elle, un moyen technique ou humain destiné à être utilisé pour la réalisation d'un travail et disponible en quantité limitée définie par sa capacité. Dans la résolution d'un problème d'ordonnancement, un ou plusieurs objectifs d'évaluation, construits sur la base d'indicateurs de performance, sont pris en considération. Nous cherchons donc à minimiser ou à maximiser de tels objectifs qui peuvent être liés au temps ou encore aux ressources.

C'est dans ce cadre que cette thèse traite le problème d'ordonnancement industriel de travaux sur une machine unique avec temps de réglages dépendants. Le choix de la machine unique dans cette configuration particulière d'usine est justifié par le fait que, parmi toutes les machines formant le système de production, il en existe au moins une dite « goulot d'étranglement » (*bottleneck*) et c'est par cette machine que passe la majorité, voire la totalité des travaux dans plusieurs cas [Pinedo et Chao, 2000; Pinedo, 2002]. Ce genre de machine est la principale cause des retards de livraison des commandes aux clients [Pinedo et Chao, 2000; Pinedo, 2002]. Le traitement des travaux sur cette machine représente une manière d'aborder le problème et de traiter l'ensemble du système de production. De même, c'est à partir du traitement de cette machine qu'il est possible de s'étendre vers des configurations de systèmes de production plus complexes qui sont rencontrées de plus en plus de nos jours [Pinedo et Chao, 2000; Pinedo, 2002].

Le deuxième volet de la configuration traitée dans ce travail de recherche aborde les réglages dépendants de la séquence et est, quant à lui, justifié par l'historique de l'ordonnancement. Certes, les écarts entre la théorie et la pratique se sont réduits considérablement ces deux dernières décennies, mais il reste toujours des vides à combler et des lacunes à surmonter [Allahverdi *et al.*, 1999; Zhu et Wilhelm, 2006; Allahverdi *et al.*, 2008]. Au tout début, pour un problème d'ordonnancement, les théoriciens ne considéraient pas les temps de réglages lors du passage d'un travail à un autre. Toutefois, en milieu industriel, la peinture de pièces par exemple, tel le passage d'une pièce jaune à une pièce rouge, demande le nettoyage du pistolet de peinture. Dans une seconde étape, les théoriciens ont introduit ces derniers, mais une nouvelle fois la pratique a montré que ces temps de réglages ne peuvent être considérés comme constants. Dans l'industrie de la micro-électronique, par exemple, le temps de passage d'un semi-conducteur de type N à un semi-conducteur de type P est différent de celui du passage d'un semi-conducteur de type P à un semi-conducteur de type N ou à une jonction P-N. C'est pour cela qu'il faut considérer, dans certains problèmes industriels, les temps de réglages comme étant dépendants de la séquence des travaux [Allahverdi *et al.*, 1999; Aquilano *et al.*, 2005; Zhu et Wilhelm, 2006; Allahverdi *et al.*, 2008].

La non-considération des temps de réglages ou la considération des temps de réglages comme étant indépendants de la séquence est en fait une simplification du problème d'ordonnancement qui n'est pas justifiée. En effet, dans leurs études, Panwalkar *et al.* [1973] ont rapporté que 70 % des activités industrielles subissaient des temps de réglages dépendants et que, dans 13 % des cas, toutes les activités en subissaient. Cette situation est similaire à celle observée ces dernières années. En effet, Conner [2009] présente une étude où il pose 10 questions concernant la gestion de production à plusieurs dirigeants de petites et moyennes entreprises. La cinquième question porte sur le pourcentage de réduction des temps de réglages des machines. Ainsi, dans 50 % des cas sur plus de 250 projets étudiés, la réduction des temps de réglages était possible, mais non effectuée pour diverses raisons. De même, pour 92 % des projets dans lesquels la réduction des temps de réglages a été appliquée, les délais de livraison promis aux clients ont pu être respectés. Plusieurs autres études montrent l'importance des temps de réglages dans plusieurs domaines industriels, tels la machinerie médicale [Beckman, 2009; Danford et Jordan, 2009], les lentilles commerciales et industrielles [Bates, 2008] ou encore les outils de télécommunication [Beckman, 2008; Wahlberg, 2008]. Dans ces différentes études, les auteurs présentent l'impact des temps de réglages sur les différents systèmes de production et la conséquence de les minimiser afin d'améliorer les délais de livraison.

Finalement, Zhu et Wilhelm [2006] recensent plus de 200 articles traitant les temps de réglages dépendants de la séquence dont plus d'une vingtaine traitent des problèmes réels.

Le problème traité dans ce travail de recherche consiste à ordonnancer un ensemble de travaux sur une machine unique en tenant compte du fait que les réglages sont dépendants de la séquence des travaux. Cette thèse s'intéresse plus particulièrement à l'objectif de la minimisation du retard total qui représente sans doute l'un des objectifs les plus utilisés en milieu industriel [Pinedo, 2002]. Sans la dépendance des temps de réglages, Du et Leung [1990] ont montré qu'un tel problème est *NP-difficile* au sens fort, et le fait de prendre en considération cette dépendance des temps de réglages ne fait qu'en augmenter la difficulté. Le problème traité ici, comme plusieurs problèmes d'ordonnancement, ne peut être résolu de façon optimale par des algorithmes exacts en raison, entre autres, du temps de calcul qui est souvent prohibitif. La nécessité de trouver rapidement des solutions acceptables à plusieurs de ces problèmes a entraîné le développement d'algorithmes d'approximation dont font partie les métaheuristiques. Parmi les métaheuristiques, les algorithmes génétiques représentent une catégorie d'algorithmes qui utilisent les principes naturels d'évolution pour parcourir l'espace des solutions. Une revue de la littérature montre que de tels algorithmes ont été peu utilisés pour le problème considéré dans cette recherche [Tan *et al.*, 2000; Gagné *et al.*, 2002; Liao et Juan, 2007; Allahverdi *et al.*, 2008]. D'un autre côté et pour améliorer la performance des méthodes utilisées pour la résolution des problèmes d'ordonnancement, certains auteurs ont hybridé différentes métaheuristiques [Jain, 1998; Bachelet, 1999; Ravindra *et al.*, 2000; Gagné *et al.*, 2003; Basseur, 2004; Talbi *et al.*, 2007; Tana *et al.*, 2007]. L'hybridation est le mécanisme d'incorporation d'une méthode de résolution ou de son fonctionnement au sein d'une autre méthode. Plus récemment, des approches hybridant des métaheuristiques et des méthodes exactes ont été proposées et représentent des avenues prometteuses [Basseur, 2004; Talbi, 2006; Talbi *et al.*, 2007; Tana *et al.*, 2007] mais peu de travaux ont été effectués à ce niveau. D'autres auteurs comme Talbi, [2006] et Tana *et al.* [2007] assurent qu'avec les ressources informatiques dont les recherches disposent aujourd'hui, une bonne intégration des méthodes exactes au sein des métaheuristiques peut transcender plusieurs limites atteintes et donner de meilleurs résultats en termes de qualité et de temps de résolution. C'est justement le but recherché par l'entreprise manufacturière moderne qui veut obtenir une bonne qualité de solution en un minimum de temps.

Les problèmes d'ordonnancement, notamment ceux avec des temps de réglages dépendants, constituent donc une problématique de recherche qui est présente dans plusieurs systèmes de production actuels et où de nombreuses avenues de recherche sont encore à explorer pour tenter de rapprocher les travaux de recherches aux besoins réels des entreprises.

1.1 Objectifs de la recherche

L'objectif principal de cette thèse est de proposer des approches originales au problème d'ordonnancement à machine unique avec des temps de réglages dépendants de la séquence avec l'objectif de minimiser le retard total de façon à se rapprocher des besoins de l'industrie. Pour résoudre les problèmes d'ordonnancement, les chercheurs ont longtemps utilisé des approches exactes comme la programmation linéaire, la méthode de séparation et d'évaluation ou encore la programmation dynamique [Blazewicz *et al.*, 1994; Pinedo, 2002; Puchinger et Raidl, 2005; Pelikan et Sastry, 2006; Allahverdi *et al.*, 2008]. Depuis quelques années, des chercheurs ont approché certains problèmes d'ordonnancement avec la programmation par contraintes [LePape, 1994; Baptiste et LePape, 1995; LePape et Nuijten, 1995; Nuitjen et Aarts, 1996; Pesant et Gendreau, 1996; Baptiste, 1998; Nuijten et Pape, 1998; Shaw, 1998; Harjunkoski *et al.*, 2000; Pinedo, 2002; Hnich *et al.*, 2004; Hmida *et al.*, 2007], et plus particulièrement l'ordonnancement basé sur les contraintes, branche de la programmation par contraintes dédiée aux problèmes d'ordonnancement, qui est une discipline assez jeune [Baptiste *et al.*, 2001].

Les problèmes d'ordonnancement étant *NP-difficiles*, les méthodes exactes ne permettent de résoudre que de petites instances. C'est pour cela que l'utilisation d'heuristiques et de métaheuristiques est amplement justifiée. Toutefois, une revue de la littérature montre que les algorithmes génétiques ont été peu utilisés pour le problème considéré dans cette recherche et que ceux-ci ne donnent pas de résultats très performants [Tan *et al.*, 2000; Gagné *et al.*, 2002; Liao et Juan, 2007; Allahverdi *et al.*, 2008]. Plusieurs chercheurs ont tenté de remédier aux lacunes et aux limites de ces deux types d'approches en modifiant leur fonctionnement classique dans une hybridation [Blum et Roli, 2001; Talbi, 2002; Basseur, 2004; Hnich *et al.*, 2004; Blum *et al.*, 2005; Talbi *et al.*, 2007; Talbi, 2009]. Ces approches hybrides ont surtout fait intervenir l'incorporation d'une heuristique ou métaheuristique dans une autre métaheuristique. Pour les problèmes d'ordonnancement en général, peu de métaheuristiques hybridées avec une méthode exacte ou des métaheuristiques incorporant des concepts d'autres méthodes de résolution sont retrouvées dans la littérature. L'efficacité d'exploration des méthodes exactes est alors utilisée dans l'hybridation pour la résolution de sous-problèmes de petite taille. De telles hybridations peuvent s'avérer robustes et performantes en utilisant les forces de chacune des méthodes impliquées dans l'hybridation [Blum et Roli, 2001; Talbi, 2002; Basseur, 2004; Hnich *et al.*, 2004; Blum *et al.*, 2005; Talbi *et al.*, 2007; Talbi, 2009]. Au vu de toutes ces constatations, nous exploitons, dans cette thèse, l'idée de la conception d'approches hybrides faisant intervenir, entre autres, la programmation par contraintes et des concepts d'autres méthodes de résolution pour résoudre ce problème.

Les objectifs spécifiques de cette thèse sont :

1. de concevoir un algorithme génétique performant à l'aide d'opérateurs génétiques spécifiquement adaptés au problème d'ordonnancement à machine unique avec des temps de réglages dépendants de la séquence avec l'objectif de minimisation du retard total;

2. de proposer une modélisation basée sur la programmation par contraintes pour résoudre le problème d'ordonnancement à machine unique avec des temps de réglages dépendants de la séquence avec l'objectif de minimisation du retard total ;

3. de concevoir une approche hybride efficace et originale impliquant un algorithme génétique et la programmation par contrainte ;

4. de concevoir une approche hybride efficace et originale incorporant les mécanismes d'autres méthodes d'optimisation combinatoire dans un algorithme génétique.

1.2 Méthodologie

Après avoir effectué une étude bibliographique portant sur les problèmes d'ordonnancement avec temps de réglages dépendants de la séquence et les différentes méthodes de résolution, nous nous concentrons sur le cas des machines uniques, des algorithmes génétiques et de la programmation par contraintes. L'approche méthodologique préconisée pour atteindre les quatre objectifs énumérés au paragraphe précédent est divisée en plusieurs étapes. Tout d'abord, pour atteindre le premier objectif, soit *concevoir un algorithme génétique performant à l'aide d'opérateurs génétiques spécifiquement adaptés au problème d'ordonnancement à machine unique avec des temps de réglages dépendants de la séquence avec l'objectif de minimisation du retard total*, nous commençons par une étude approfondie des algorithmes génétiques. Ces derniers constituent une famille de techniques d'optimisation inspirée de la nature qui ont fait leur preuve pour résoudre de nombreux problèmes d'optimisation combinatoires [Mühlenbein *et al.*, 1988; Fonseca et Fleming, 1993; Mühlenbein, 1993; Reeves, 1995; Beasley et Chu, 1996; Black *et al.*, 2000; Gen et Cheng, 2000; Ben Hamida, 2001]. Cependant, cette revue de la littérature montre que ce type d'algorithmes demeure très peu utilisé pour la résolution du problème traité dans cette thèse. Nous supposons que cette situation s'explique, en partie, par la difficulté à définir des opérateurs génétiques efficaces et adaptés au problème de machine unique avec temps des réglages dépendants de la séquence d'entrée des travaux.

Dans un premier temps, une analyse des spécificités et des caractéristiques du problème est donc réalisée pour proposer des opérateurs adaptés et efficaces intégrés au sein d'un algorithme génétique. Ce dernier est expérimenté sur les problèmes tests proposés par Rubin et Ragatz [1995] et Gagné *et al.* [2003]. Les résultats sont ensuite analysés pour identifier les paramètres adéquats pour le fonctionnement de l'algorithme génétique.

Le deuxième objectif, soit *résoudre le problème d'ordonnancement à machine unique avec des temps de réglages dépendants de la séquence avec l'objectif de minimisation du retard total en utilisant l'ordonnancement basé sur les contraintes*, consiste à proposer un modèle basé sur la programmation par contraintes et plus spécifiquement sur l'ordonnancement basé sur les contraintes pour résoudre le problème traité dans ce travail de recherche. Pour cela, deux composants de la solution commerciale ILOG CP™ sont utilisés pour formuler et résoudre ce problème soit ILOG SCHEDULER™ 6.0 [ILOG, 2003a] et ILOG SOLVER™ 6.0 [ILOG, 2003]. Le tout est utilisé par l'intermédiaire des API C++ fournies [ILOG, 2003]. Dans un premier temps, nous étudions ces deux composants ainsi que les divers concepts utilisés. Puis, nous produisons un modèle qui sera expérimenté sur les problèmes tests proposés par Rubin et Ragatz [1995] et Gagné *et al*. [2003]. Dans une dernière étape, le comportement de ce modèle est analysé pour en améliorer le fonctionnement.

Les troisième et quatrième objectifs de cette thèse peuvent être regroupés pour former un objectif commun se résumant en la *conception d'une approche hybride efficace et originale impliquant un algorithme génétique et d'autres méthodes de résolution*. En effet, pour combler les lacunes d'une approche de résolution, il est parfois bénéfique de la combiner avec une autre approche. Le résultat obtenu est une approche hybride combinant les forces des méthodes qui la composent. D'autre part, lors de la résolution d'un problème, deux finalités contradictoires sont généralement poursuivies par l'approche de résolution : l'*intensification* et la *diversification*. L'*intensification* est l'amélioration des solutions existantes, alors que l'exploration de nouvelles régions représente la *diversification*. En général, les algorithmes génétiques effectuent naturellement des phases de diversification pour peu que le processus de sélection soit choisi de manière adéquate [Mühlenbein *et al.*, 1988; Mühlenbein, 1993]. Toutefois, ils sont moins performants lorsqu'il s'agit d'exploiter les solutions trouvées [Basseur, 2004]. La phase d'intensification, par exemple, peut éventuellement être effectuée par l'intermédiaire d'une autre approche de résolution pour obtenir ainsi une approche hybride.

Une grande partie des approches hybrides trouvées dans la littérature combinent des métaheuristiques. Selon Blum et Roli [2001], l'hybridation de métaheuristiques est la voie la plus prometteuse pour l'amélioration de la qualité des solutions dans beaucoup d'applications réelles. Récemment, plusieurs chercheurs ont proposé des hybridations impliquant des métaheuristiques et des méthodes exactes [Basseur, 2004; Puchinger et Raidl, 2005]. Étant donné que les méthodes exactes se limitent généralement à de petites instances pour les problèmes d'optimisation combinatoire difficiles, l'hybridation de métaheuristiques et de méthodes exactes peut devenir une alternative très efficace, car les deux méthodes ont des particularités bien différentes et associent leurs avantages pour produire de meilleurs résultats [Basseur, 2004]. Une telle hybridation n'est cependant pas une tâche aisée [Hnich *et al.*, 2004]. D'une part, l'utilisation d'outils d'optimisation commerciaux dans le développement de méthodes exactes pose de nombreux problèmes techniques lors de leurs combinaisons avec des métaheuristiques développées dans d'autres environnements de programmation. D'autre part, le concepteur de l'approche hybride peut avoir une expertise plus limitée dans la pratique d'une des méthodes qui composent l'algorithme hybride. À ce niveau, les schémas d'hybridation proposés dans cette thèse sont regroupés en deux catégories selon la classification de Puchinger et Raidl [2005] soit des schémas d'hybridation *collaboratifs* et des schémas d'hybridation *intégratifs*.

Dans un premier temps, une approche hybride collaborative impliquant l'algorithme génétique et le modèle de résolution basé sur la programmation par contraintes est élaborée. Le comportement de cette approche hybride de résolution est ensuite analysé pour en évaluer la performance. Dans un deuxième temps, nous concevons une approche hybride intégrative qui incorpore au sein d'un algorithme génétique le fonctionnement de diverses méthodes de résolution. En effet, nous utilisons des principes issus des algorithmes évolutionnaires multi-objectifs, de la programmation par contraintes et de l'optimisation par colonie de fourmis. Les deux approches hybrides sont expérimentées sur les problèmes tests de Rubin et Ragatz [1995] et ceux de Gagné *et al.* [2003] pour concevoir des hybridations adéquates tant sur le plan des politiques d'hybridation que sur les méthodes impliquées en elles-mêmes.

1.3 Organisation du document

L'objectif principal de cette thèse est de proposer des approches originales au problème d'ordonnancement à machine unique avec des temps de réglages dépendants de la séquence avec l'objectif de minimisation du retard total de façon à se rapprocher des besoins de l'industrie. Ainsi, le Chapitre 2 présente, tout d'abord, une revue de la littérature des problèmes d'ordonnancement en insistant sur leur classification, les différents objectifs, la notation et la complexité. Ce chapitre présente également une taxonomie non exhaustive des problèmes d'ordonnancement avec temps de réglages dépendants de la séquence. Le problème traité dans ce travail de recherche ainsi que les approches répertoriées dans la littérature sont ensuite décrits.

Le Chapitre 3 présente de manière générale les deux approches privilégiées dans cette thèse soit les algorithmes génétiques et la programmation par contraintes. Ainsi, les différents composants des algorithmes génétiques et leur fonctionnement sont décrits en détails. Par la suite, la programmation par contraintes et plus particulièrement l'ordonnancement basé sur les contraintes sont abordés en faisant ressortir les principales composantes et caractéristiques.

Le Chapitre 4 décrit la conception d'un algorithme génétique pour la résolution du problème traité dans cette thèse. Un nouvel opérateur de croisement constituant la première contribution de cette thèse est alors décrit. Des résultats expérimentaux montrent l'apport de cet opérateur au sein de l'algorithme génétique par rapport à d'autres algorithmes génétiques de même que d'autres méthodes de la littérature.

Le Chapitre 5 présente la modélisation et la résolution du problème d'une machine unique avec temps de réglages dépendants de la séquence à l'aide de l'ordonnancement basé sur les contraintes. Cette modélisation est basée sur la plateforme ILOG CP™ [ILOG, 2003] en utilisant les API C++. À notre connaissance, il s'agit de la première modélisation de ce problème à l'aide des API C++ d'ILOG CP™. Les résultats expérimentaux démontrent toutefois les limites de cette approche exacte face à des problèmes de grande taille. Ils démontrent également l'importance d'adapter les divers mécanismes internes comme l'algorithme de parcours de l'arborescence des solutions ou l'heuristique de choix de travaux à ordonnancer.

Le Chapitre 6 décrit la conception de deux approches hybrides. La première hybridation, de type collaborative, implique l'algorithme génétique défini au Chapitre 4 et l'approche d'ordonnancement basé sur les contraintes définie au Chapitre 5. La deuxième hybridation, de type intégrative, incorpore des techniques issues des algorithmes évolutionnaires multi-objectifs, de la programmation par contraintes et de l'optimisation par colonie de fourmis dans l'algorithme génétique défini au Chapitre 4. Ces deux hybridations représentent les principales contributions de cette thèse. En effet, l'hybridation collaborative présente une hybridation originale intégrant de la programmation par contrainte au niveau d'un croisement et d'un processus d'intensification au sein de l'algorithme génétique défini au Chapitre 4. Les résultats trouvés par cette hybridation sont très encourageants et elle offre plusieurs perspectives prometteuses. L'hybridation intégrative, quant à elle, propose aussi une hybridation originale intégrant diverses techniques issues de plusieurs méthodes de résolution de problèmes d'optimisation combinatoire au niveau d'un croisement au sein de l'algorithme génétique défini au Chapitre 4. Les techniques intégrées dans le croisement hybride ont permis d'obtenir un algorithme robuste et performant. En effet, ce dernier trouve plusieurs nouvelles bornes sur les benchmarks issus de la littérature.

Nous terminons ce travail de recherche par une conclusion générale qui récapitule les différentes contributions apportées par cette thèse, qui démontre l'atteinte de chacun des objectifs et qui propose diverses perspectives de recherche.

CHAPITRE 2

LES PROBLÈMES D'ORDONNANCEMENT

2.1 Introduction

L'ordonnancement est une allocation, dans le temps, des ressources disponibles aux différents travaux dans le but d'optimiser un ou plusieurs objectifs, et ce compte tenu de contraintes temporelles (délais, contraintes d'enchaînement) et de contraintes portant sur la disponibilité des ressources requises (main-d'œuvre, matières premières, en-cours, etc.) [Pinedo, 2002].

La richesse de la problématique de l'ordonnancement est due aux différentes ressources et travaux. Ainsi, les ressources peuvent être, par exemple, des machines dans un système de production d'une usine, des pistes de décollage et d'atterrissage dans un aéroport, des équipes sur un chantier de construction ou des processeurs dans des ordinateurs, alors que les travaux peuvent être, respectivement, des opérations dans un processus de production, le décollage et l'atterrissage dans un aéroport, les étapes d'un projet de construction ou l'exécution d'un programme informatique. Les différents travaux sont généralement caractérisés par un degré de priorité et un temps d'exécution. Quant aux ressources, elles sont caractérisées, entre autres, par une capacité et des temps de réglages [Pinedo, 2002].

L'objectif visé par l'ordonnancement varie d'une situation à l'autre. Entre autres, il est possible de chercher à minimiser le temps total d'exécution des travaux (*Makespan*), ou le nombre de travaux en retard ou encore les délais d'attente des travaux. Ainsi, pour chaque problème, un ordonnancement adéquat doit être déterminé en fonction d'un ou de plusieurs objectifs exprimés.

Dans cette thèse, nous nous intéressons plus particulièrement aux problèmes d'ordonnancement industriels qui sont présents dans les systèmes de production. Un problème d'ordonnancement industriel, comme tout problème d'ordonnancement, revient donc à planifier dans le temps l'exécution des travaux en fonction des ressources de production disponibles. Il est caractérisé par trois ensembles [Blazewicz *et al.*, 1994]:

- un ensemble $N = \{1, 2, ..., n\}$ composé de n travaux ;
- un ensemble $M = \{1, 2, ..., m\}$ composé de m machines ;
- un ensemble τ représentant les contraintes reliant les travaux aux machines.

Il est à remarquer que, dans la théorie classique de l'ordonnancement, les chercheurs n'ont généralement considéré que deux contraintes dans leurs recherches, ce qui n'est pas réellement le cas dans la réalité [Pinedo, 2002]. La première contrainte exprime le fait que chaque travail ne peut être exécuté que par une seule machine. Ainsi, pour un instant donné, une machine ne peut exécuter qu'un seul travail et il faudra s'assurer que cette machine soit libre pour exécuter celui-ci. La deuxième contrainte, quant à elle, exprime le fait que chaque travail j s'exécute sur une machine i pendant une durée de temps sans être interrompu (sans préemption). Outre les contraintes, il est possible de classifier les problèmes d'ordonnancement suivant le nombre de machines et leur topologie. En effet, un ordonnancement peut être recherché pour une machine unique ou pour plusieurs qui peuvent être parallèles ou en séries.

Dans la prochaine section, les principaux modèles en théorie d'ordonnancement sont présentés. Les deux sections suivantes introduisent les objectifs, la notation et la complexité des problèmes d'ordonnancement. Nous nous attardons ensuite aux problèmes d'ordonnancement avec temps de réglages dépendants de la séquence (RDS) et, plus particulièrement, à ceux à machine unique. Nous terminons ce chapitre avec la description détaillée du problème d'ordonnancement à machine unique avec temps de réglages dépendants de la séquence et nous précisons les jeux d'essai disponibles ainsi que les principales approches retrouvées dans la littérature pour résoudre ce problème.

2.2 La théorie de l'ordonnancement

2.2.1 Classification des problèmes d'ordonnancement

L'ordonnancement présente des spécificités importantes en fonction des caractéristiques des usines et des produits considérés. Nous recensons tout d'abord les principaux types de systèmes de production, puis nous listons les types de problèmes présents dans ces systèmes. Une classification très classique des systèmes de production est basée sur la nature et le mode d'implantation des ressources nécessaires à la fabrication des produits. Il existe, à ce titre, trois principaux modèles d'ordonnancement dans l'industrie. En effet, tous les modèles existants peuvent se ramener à ces trois modèles : modèle à machine unique, modèle à machines parallèles et modèle à machines en série.

La Figure 2-1 [Zandieh et Fatemi, 2003] illustre la relation entre les différents modèles d'ordonnancement, et ce suivant l'environnement des machines et où « *E* » représente le nombre d'étages et « *M (E)* » le nombre de machines par étage. Un étage identifie un ensemble de machines parallèles et identiques.

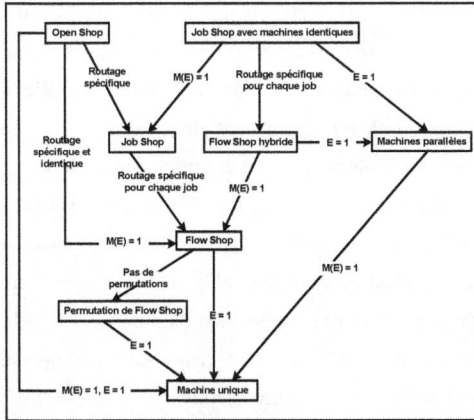

Figure 2-1: Classification des problèmes d'ordonnancement [Zandieh et Fatemi, 2003]

La configuration de base est celle où l'ensemble des travaux à réaliser est exécuté par une seule machine et où les travaux sont composés d'une seule opération. Il s'agit alors du modèle à machine unique. Il est possible de retrouver cette situation dans les industries de fonderie, d'aluminium, d'agroalimentaire et de pâtes à papier. Dans ce genre de situation, le système de production est généralement confronté à une machine goulot qui influence l'ensemble du processus. L'analyse peut se faire alors par l'étude de cette machine [Pinedo, 2002]. Nous pouvons remarquer, d'après la Figure 2-1, que ce modèle est à la base de tous les autres modèles. Le modèle à machines parallèles est une façon de remédier au problème lié aux machines goulots. Dans ce cas, plusieurs machines identiques peuvent jouer le même rôle. Ce modèle est surtout rencontré, entre autres, dans les secteurs industriels tels que l'industrie alimentaire, les industries plastiques, les fonderies et l'industrie textile.

En plus des systèmes de production à machine unique et à machines parallèles, il existe ceux composés de machines organisées en séries. Ces dernières exécutent un certain nombre de travaux successifs, où chaque travail suit une séquence sur les machines. Ce modèle peut être rencontré dans les industries de montage, tels l'assemblage de voitures, le montage de composants électroniques, ou encore dans l'industrie des télécommunications. Il existe trois modèles de traitement des travaux pour les machines en séries : modèle à cheminement unique (*flow-shop*), modèle à cheminement libre (*open-shop*) et modèle à cheminement multiple (*job-shop*). Un modèle de machine en séries est également appelé *atelier* [Carlier et Chrétienne, 1988].

Dans le modèle à cheminement unique, tous les travaux visitent les machines dans le même ordre, dont les durées opératoires pouvant être différentes. Le problème le plus simple est ainsi, en présence d'un ensemble de travaux à traiter, de déterminer la séquence de lancement des travaux permettant de minimiser le délai d'achèvement. Les ateliers à cheminement libre sont des ateliers dans lesquels les opérations à réaliser sur les produits sont permutables. En d'autres termes, il n'existe pas de séquence fixée. Concernant le modèle à cheminement multiple, chaque travail possède un cheminement dans l'atelier et chacun d'eux peut s'exécuter plusieurs fois sur la même machine, ce qui n'est pas le cas du *flow-shop*. Il s'agit dans ce cas de déterminer les dates de passage sur les différentes machines de travaux ayant des cheminements différents dans l'atelier. Ces travaux partageant des ressources communes, des conflits sont susceptibles de survenir, résultant des croisements de flux.

Avec l'évolution des besoins des entreprises manufacturières pour l'application de méthodes plus efficaces afin de répondre aux besoins de la production, plusieurs autres modèles ont vu le jour au fil du temps. Les ateliers *flexibles*, populaires dans les années 1980, en particulier pour la fabrication de pièces mécaniques, tentent également de procurer un meilleur compromis entre productivité et flexibilité par un degré d'automatisation poussé. Il s'agit à la base d'ateliers de type *job-shop* dans lesquels les stockages, les manipulations et les traitements des pièces sont automatisés. Les ateliers de type *hybride* représentent des ateliers dans lesquels un « étage » donné de la fabrication peut être assuré par plusieurs machines en parallèle.

2.2.2 Évaluation d'un problème d'ordonnancement

Un ou plusieurs objectifs sont généralement associés à un problème d'ordonnancement. Les objectifs sont nombreux et Mellor [1966] en distingue 27 différents. Dans la résolution d'un problème d'ordonnancement, un ou plusieurs objectifs construits sur la base d'indicateurs de performance sont pris en considération. Nous cherchons donc à minimiser ou à maximiser de tels objectifs qui peuvent être liés au temps, aux ressources ou à des coûts, tels ceux de lancement, de production, de stockage, etc. Ces objectifs font intervenir, par exemple, la durée totale, le temps de présence des travaux dans le système de production (en-cours) et les retards. Ainsi, nous pouvons, par exemple, chercher :

- à minimiser le temps total d'exécution des travaux noté C_{max} (*Makespan*) qui est égal au temps de fin du dernier travail. $C_{max} = \max_{1 \le i \le n} \{C_i\}$ où C_i représente le temps de fin du travail i et n le nombre de travaux.

- à minimiser le temps moyen d'achèvement des travaux défini par $\overline{C} = \frac{1}{n} \sum_{i=1}^{n} C_i$;

- à minimiser le retard total (*Tardiness*) noté $\sum_{i=1}^{n} T_i$ qui est égal à la somme des retards de tous les travaux $\sum_{i=1}^{n} T_i = \sum_{i=1}^{n} \max(C_i - d_i, 0)$ où C_i représente le temps de fin du travail i, n le nombre de travaux et d_i la date due du travail i;

- à minimiser le retard maximum noté $T_{max} = \max (T_i)$ où T_i représente le retard d'un travail i;

- à minimiser le nombre de travaux en retard noté U.

2.2.3 Notation des problèmes d'ordonnancement

Pour faciliter la classification des problèmes d'ordonnancement, nous utilisons la notation $\alpha \mid \beta \mid \gamma$ proposée initialement par Graham *et al.* [1979], étendue par Lawler [1979] et reprise par Lawler *et al.* [1981] où α représente la configuration des machines, β les contraintes et les restrictions sur les travaux et γ l'objectif à optimiser. Par exemple, $1|s_{ij}|C_{max}$ représente le problème à machine unique avec temps de réglages dépendants avec l'objectif de minimiser le *Makespan* et $1\,|\,s_{ij}\,|\sum T_j$ représente le problème à machine unique avec temps de réglages dépendants avec l'objectif de minimiser le retard total.

2.2.4 Complexité des problèmes d'ordonnancement

Théoriques ou réels, les problèmes d'ordonnancement sont des problèmes d'optimisation combinatoire (*POC*) dont la complexité est établie pour la plupart d'entre eux. L'étude de la complexité d'un problème est en rapport avec les algorithmes mis en œuvre pour le résoudre. La *théorie de la complexité* offre un cadre d'étude formel dans lequel les problèmes peuvent être classés selon leur degré de complexité. Pour plus d'informations sur la théorie de la complexité, le lecteur consultera Cook [1971] et Garey et Johnson [1979]. Le but de la *théorie de la complexité* est la classification des problèmes de décision [Cook, 1971] suivant leur degré de difficulté de résolution. Dans la littérature, il existe plusieurs classes de complexité, mais les plus connues sont les problèmes de la classe *P* et les problèmes de la classe *NP*. En effet, si un problème de décision donnant la réponse correcte (« oui » ou « non ») est associé à un problème appartenant à la classe *P*, alors cette réponse se fait en un temps polynomial, c'est-à-dire en un temps $O(n^k)$ avec n la taille du problème traité, k un entier naturel et une constante indépendante de n. Les problèmes de la classe *NP* sont ceux dont le résultat « oui » de leur problème de décision selon un algorithme non déterministe en un temps polynomial peut être obtenu. Les algorithmes non déterministes sont capables d'effectuer un choix judicieux dans un ensemble d'éléments. Ils ne peuvent pas être implantés sur ordinateur et sont plutôt d'intérêt théorique. La majorité des problèmes d'ordonnancement se classe dans la catégorie des problèmes dits *NP-difficiles* [Garey et Johnson, 1979]. Pour ces problèmes, il n'existe pas d'algorithmes de complexité optimale pour les résoudre à l'optimalité. Dans un problème à machine unique, par exemple, comportant n travaux, il y a $n!$ solutions possibles. Plus récemment, dans son ouvrage, Pinedo [2002] donne la complexité de plusieurs problèmes d'ordonnancement industriel. Pour résoudre de tels problèmes, Blazewicz *et al.* [1994] suggèrent trois avenues : *i)* utiliser des méthodes exactes pour de petites instances, *ii)* utiliser des heuristiques et *iii)* utiliser des méthodes hybrides.

2.3 Problèmes d'ordonnancement avec réglages dépendants de la séquence

La majorité des problèmes d'ordonnancement industriel implique des temps et des coûts de réglage. En général, ces réglages sont dus à la préparation des machines, des outils ou des installations ainsi qu'à l'acquisition du matériel. Étant donné leur importance, leur fréquence dans l'industrie et les défis qu'ils représentent pour les méthodes de résolution, les problèmes d'ordonnancement industriel avec des temps de réglages dépendants de la séquence (*RDS*) (*Sequence-Dependent Setup*) ont attiré l'attention de plusieurs chercheurs [Panwalkar *et al.*, 1973; Allahverdi *et al.*, 1999; Zhu et Wilhelm, 2006; Allahverdi *et al.*, 2008].

Dans Allahverdi *et al.* [1999], nous retrouvons plus de 200 références traitant de l'utilisation des réglages dans un problème d'ordonnancement industriel. Les auteurs ont classifié les réglages comme étant dépendants ou indépendants de la séquence. Ils ont traité les modèles classiques (machine unique, machines parallèles, ateliers sériels) et ont évoqué les recherches futures qui traiteraient les objectifs liés au retard et aux dates dues. Dans Allahverdi *et al.* [2008], une revue de la littérature plus complète et plus à jour contenant plus de 300 références est établie. Nous retrouvons une troisième revue de la littérature des problèmes d'ordonnancement concernant les *RDS* seulement dans Zhu et Wilhelm [2006]. Dans cet article, plus d'une vingtaine de travaux évoque des situations réelles avec *RDS*. Dans les trois articles, la même taxonomie est utilisée. Nous nous attardons dans ce qui suit au cas d'une machine unique.

En ordonnancement industriel, une machine unique représente le point de départ pour des configurations plus complexes. C'est pour cela que ce type de problème a attiré l'attention de plusieurs chercheurs. De plus, l'incorporation des *RDS* a augmenté la difficulté de ces problèmes. Plusieurs auteurs ont pu établir la complexité de la plupart des problèmes d'ordonnancement dans un environnement à une seule machine. Par exemple, Pinedo [2002] a montré que le problème $1 \mid s_{ij} \mid C_{\max}$ est *NP-difficile* au sens fort. Il en est de même pour le problème $1 \mid s_{ij} \mid \sum T_j$ [Du et Leung, 1990].

Les approches exactes, telles la méthode de séparation et d'évaluation (*B&B*), la programmation dynamique (*PD*) et la programmation linéaire ont été utilisées par de

23

nombreux chercheurs pour résoudre plusieurs problèmes à machine unique avec temps de réglages dépendants de la séquence en abordant diverses fonctions objectifs [Barnes et Vanston, 1981; Uzsoy *et al.*, 1991; Coleman, 1992; Uzsoy *et al.*, 1992; Ragatz, 1993; Asano et Ohta, 1996; Balakrishnan *et al.*, 1999; Tan *et al.*, 2000; Rabadi *et al.*, 2004; Bigras *et al.*, 2008]. La revue de la littérature fait état d'un seul article traitant un problème de machine unique avec la programmation par contraintes [Spina *et al.*, 2003]. Dans cette recherche, les auteurs traitent un problème réel ne dépassant pas 15 travaux en cherchant à minimiser le *Makespan*.

D'un autre côté, étant donné la complexité des problèmes d'ordonnancement de machine unique avec temps de réglages dépendants de la séquence, plusieurs chercheurs ont utilisé des heuristiques et des métaheuristiques pour résoudre ce type de problèmes. En effet, nous retrouvons quelques heuristiques, telles l'heuristique *Apparent Tardiness Cost with Setups (ATCS)* [Lee *et al.*, 1997] ou une heuristique d'échange de paires de travaux *Random-Start Pairwise Interchange (RSPI)* [Rubin et Ragatz, 1995]. De même, nous retrouvons, des algorithmes génétiques [Rubin et Ragatz, 1995; França *et al.*, 2001; Choi *et al.*, 2003], des recherches avec tabous [Laguna et F.W.Glover, 1993; Kolahan *et al.*, 1995; Choobineh *et al.*, 2006], des recuits simulés [Tan et Narasimhan, 1997; Cicirello, 2003], un GRASP [Gupta et Smith, 2006], des optimisations par colonies de fourmis [Gagné *et al.*, 2002; Liao et Juan, 2007] et un algorithme à essaim de particules [Anghinolfi et Paolucci, 2009]. Nous retrouvons aussi quelques approches hybrides intégrant pour la plupart de la recherche locale dans une métaheuristique [Rubin et Ragatz, 1995; Tan *et al.*, 2000; França *et al.*, 2001; Gupta et Smith, 2006; Tasgetiren *et al.*, 2009]. Pour leur part, Gagné *et al.* [2003] et Spina *et al.* [2003] ont toutefois utilisé des approches hybrides originales. En effet, dans le premier article, les auteurs ont incorporé le concept de recherche par voisinages variables (*VNS*) dans une recherche avec tabous. Quant au deuxième article, les auteurs ont utilisé séquentiellement la programmation par contraintes pour réduire l'espace de recherche puis un algorithme génétique. Ces deux hybridations ont porté sur le problème $1|s_{ij}|\sum T_j$ qui représente le problème étudié dans cette thèse.

Concernant les objectifs optimisés, le problème d'ordonnancement d'une machine unique avec des temps de réglages dépendants de la séquence (*RDS*) et avec l'objectif de minimiser le *Makespan* ($1|s_{ij}|C_{max}$) est le problème le plus évoqué dans les taxonomies de Allahverdi *et al.* [1999], Zhu et Wilhelm [2006] et Allahverdi *et al.* [2008]. Cela peut s'expliquer par le fait que la résolution de ce problème revient à résoudre un problème du voyageur de commerce. D'autres recherches traitent des problèmes liés au respect des dates dues, notamment avec le retard total ($1|s_{ij}|\sum T_j$) et avec le retard total pondéré ($1|s_{ij}|\sum w_j T_j$) [Allahverdi *et al.*, 1999; Zhu et Wilhelm, 2006; Allahverdi *et al.*, 2008].

Nous retrouvons également plusieurs articles dans la littérature où les auteurs ont abordé des problèmes d'ordonnancement autres que celui de machine unique avec *RDS*, notamment pour les machines parallèles et pour les ateliers de type *flow-shop* et *job-shop* [Allahverdi *et al.*, 1999; Zhu et Wilhelm, 2006; Allahverdi *et al.*, 2008]. En effet, Zhu et Wilhelm [2006] recensent plus de 50 recherches sur les machines parallèles, plus de 60 recherches traitant les problèmes de type *flow-shop* et plus de 20 recherches traitant les problèmes de type *job-shop*. Plus de la moitié de tous ces travaux traitent le problème d'ordonnancement avec l'objectif de minimisation du *Makespan* (C_{max}). Concernant les méthodes de résolution utilisées, la situation ressemble à celle d'une machine unique décrite précédemment. En effet, la revue de la littérature fait état d'un seul article traitant un problème de *flow-shop* avec la programmation par contraintes [Jouglet *et al.*, 2009].

2.4 Problème d'une machine unique avec *RDS* minimisant le retard total

Nous allons, dans cette section, examiner plus en détail l'ensemble des travaux de la littérature portant spécifiquement sur le problème étudié dans cette thèse. Nous décrivons tout d'abord plus formellement le problème d'une machine unique avec temps de réglages dépendants de la séquence ayant pour objectif la minimisation du retard total. Ensuite, nous décrivons les différentes approches trouvées dans la littérature pour résoudre ce même problème ainsi que les jeux d'essai utilisés pour évaluer ces différentes approches.

2.4.1 Description du problème traité

Le problème étudié dans cette thèse consiste à ordonnancer un ensemble de travaux avec des temps de réglages dépendants de la séquence, de manière à minimiser le retard total. Ce problème, appelé *MURDS* dans la suite du texte, est noté $1|s_{ij}|\sum T_j$ selon la notation de Graham *et al.* [1979] et est défini *NP-difficile* au sens fort par Du et Leung [1990]. Chaque travail j de l'ensemble N des travaux à exécuter sur la machine unique a un temps d'exécution et une date due. La fonction objectif consiste à minimiser le retard total, soit la somme des retards de chaque travail j. Le retard d'un travail j est le maximum entre 0 et la différence entre son temps de fin d'exécution et sa date due. À première vue, une séquence en ordre croissant des dates dues peut former une bonne solution à ce problème. En effet, les travaux dont les dates dues sont très rapprochées sont ordonnancés en premier et leurs retards respectifs sont alors minimaux [Pinedo, 2002]. Cependant, dans le cas de temps de réglages dépendants de la séquence, cet ordonnancement n'assure pas forcément de trouver une bonne solution. Une deuxième approche consiste à minimiser les temps de réglages totaux en associant le problème à un problème de voyageur de commerce. Toutefois, cette approche ne considère aucunement les dates dues et ne peut s'avérer intéressante pour l'objectif à optimiser. Cette approche vise plutôt à compléter l'ensemble des travaux le plus rapidement possible (*Makespan*) [Pinedo, 2002]. Une approche mixte qui prend en considération les temps de réglages et les dates dues n'assure pas non plus de trouver une bonne solution, parce qu'elle ne tient pas compte des temps d'exécution comme dans les deux approches précédentes [Pinedo, 2002]. Ainsi, il faut élaborer une méthode qui tient compte à la fois des temps d'exécution, des dates dues et des temps de réglages des travaux [Rubin et Ragatz, 1995].

Pour minimiser le retard total, il faut considérer la position relative ainsi que la position absolue d'un travail j dans la séquence. La position relative représente la position d'un travail j par rapport à un autre travail adjacent i. La position absolue, quant à elle, représente la position particulière d'un travail j dans la séquence [Rubin et Ragatz, 1995]. La recherche d'une bonne solution à ce problème en parcourant l'espace de recherche revient, en plus de la consideration des dates dues, des temps d'exécution et des temps de réglages, à tenir compte de ces deux concepts. En effet, la position relative est liée aux temps de réglages et considère le fait que si un travail j est suivi par un travail i et que le temps de réglages entre j et i est minimal par rapport à la séquence, alors il est préférable de maintenir cet ordre en cherchant à améliorer la solution courante. D'un autre côté, la position absolue se rapporte aux dates dues et considère le fait que si un travail j se trouve à une position donnée dans la séquence où son retard est minimal, alors il est préférable que ce travail conserve cette position en cherchant à améliorer la solution courante. Ces deux notions apparaissent contradictoires, puisque garder un ordre absolu empêche parfois de garder un ordre relatif et vice versa. Ainsi, pour ce type de problème, il faut trouver un équilibre entre les positions absolues et relatives des différents travaux traités.

Le problème *MURDS* traite un ensemble de n travaux disponibles pour exécution à l'instant $t = 0$ sur une machine unique continuellement disponible. Chaque travail j possède un temps d'exécution p_j, une date due d_j et un temps de réglage s_{ij} qui est induit lorsque le travail j suit immédiatement un travail i. Il est supposé que les temps d'exécution, les dates dues ainsi que les temps de réglages sont des valeurs entières non négatives. Nous verrons plus loin que les dates dues peuvent être négatives dans certains cas, ce qui induit que des travaux sont déjà en retard. Dans ce travail, nous supposons que la préemption n'est pas permise.

Soit Q une séquence de travaux avec $Q = [q_0, q_1, ..., q_{n-1}, q_n]$ où q_j représente l'indice du $j^{ième}$ travail dans la séquence. La date due du $j^{ième}$ travail dans la séquence est notée par d_{q_j} et son temps d'exécution par p_{q_j}. Ainsi, le temps de fin d'exécution du $j^{ième}$ travail dans la séquence est égale à $C_{q_j} = \sum_{k=1}^{j}(s_{q_{k-1}q_k} + p_{q_k})$ et le retard du $j^{ième}$ travail dans la séquence est égale à $T_{q_j} = \max(C_{q_j} - d_{q_j}, 0)$.

La fonction objectif, qui vise à minimiser le retard total de tous les travaux de la séquence, est calculée par $\sum_{j=1}^{n} T_{q_j}$.

2.4.2 Jeux d'essai et approches de résolution pour le problème *MURDS*

Les jeux d'essai (*benchmarks*) utilisés par les différents auteurs pour l'évaluation de la performance de leur approche de solution pour le problème *MURDS* se divisent en deux groupes. Le premier groupe, représentant de petites instances, a été proposé par Ragatz

27

[1993] pour des problèmes de 15, 25, 35 et 45 travaux et peut être retrouvé à l'adresse https://www.msu.edu/~rubin/data/c&ordata.zip. Le deuxième groupe, représentant des problèmes de 55, 65, 75 et 85 travaux, peut être retrouvé à l'adresse http://wwwdim.uqac.ca/~c3gagne/DocumentRech/ProblemDataSet55to85.zip et a été proposé par Gagné *et al.* [2002]. Ces deux groupes de jeux d'essai sont similaires en termes de caractéristiques et ne diffèrent que par le nombre de travaux. En effet, chaque instance possède trois caractéristiques :

- La variance du temps d'exécution : elle peut être faible ou élevée et elle établit si le domaine de valeurs des temps d'exécution des différents travaux est étendu ou non. Ainsi, si cette variance est élevée, le domaine de valeurs des temps d'exécution des travaux est étendu et vice versa. Cette variance a peu d'effet sur la complexité de résolution des instances, puisqu'elle ne fait qu'augmenter les valeurs des temps de fin d'exécution de l'ensemble des travaux [Rubin et Ragatz, 1995].

- Le facteur de retard : il peut être bas ou modéré et il représente la probabilité qu'un travail pris au hasard parmi l'ensemble des travaux soit en retard dans une séquence générée aléatoirement. Ainsi, si le facteur de retard est bas, nous aurons quelques travaux en retard dans une séquence donnée et la valeur du retard total sera faible. En revanche, si ce facteur est modéré, nous aurons plusieurs travaux en retard et la valeur de retard total sera élevée. Les instances ayant un facteur de retard modéré sont plus difficiles à résoudre étant donné qu'il y a plus de travaux en retard [Rubin et Ragatz, 1995].

- Le domaine des dates dues : il peut être restreint ou non et il exprime le domaine des valeurs des dates dues des travaux. Ainsi, si le domaine est restreint, les dates dues sont comprises dans un petit intervalle et augmentent alors la complexité de résolution de ces instances.

Avec ces trois caractéristiques distinctes, il est ainsi possible de générer 2^3 ou 8 catégories d'instances pour un nombre donné de travaux. Au Tableau 2-1, nous présentons les 8 catégories d'instances proposées par les auteurs. Les instances les plus difficiles à résoudre sont celles comportant un facteur de retard modéré et un domaine de dates dues restreint et elles se terminent par 3, 4, 7 et 8. Il est à noter que la variance du temps d'exécution n'a pas d'influence sur le degré de difficulté de résolution des problèmes [Rubin et Ragatz, 1995; Tan *et al.*, 2000].

Pour résoudre le problème $1|s_{ij}|\sum T_j$, nous retrouvons dans la littérature différentes approches. Ragatz [1993] a proposé une approche *B&B* qui a rapidement montré ses limites, puisqu'elle ne pouvait résoudre à l'optimalité que des instances de petite taille pour le jeu d'essai proposé par l'auteur. Toutefois, Bigras *et al.* [2008] ont réussi à résoudre à l'optimum toutes les instances proposées par Ragatz [1993] avec une approche *B&B* qui utilise diverses relaxations lagrangiennes pour les bornes. Celle-ci se veut toutefois gourmande en temps de calcul, puisque certaines instances sont résolues en plus de 7 jours.

Liste des instances	Variance du temps d'exécution	Facteur de retard	Domaine des dates dues
**1	Bas	Bas	Restreint
**2	Bas	Bas	Non restreint
**3	Bas	Modéré	Restreint
**4	Bas	Modéré	Non restreint
**5	Haut	Bas	Restreint
**6	Haut	Bas	Non restreint
**7	Haut	Modéré	Restreint
**8	Haut	Modéré	Non restreint

Tableau 2-1 : Types d'instances pour le problème *MURDS*

Au niveau des métaheuristiques proposées, nous retrouvons un algorithme génétique [França *et al.*, 2001], des algorithmes mémétiques [Rubin et Ragatz, 1995; Armentano et Mazzini, 2000; França *et al.*, 2001], un recuit simulé (*RS*) [Tan et Narasimhan, 1997], des algorithmes d'optimisation par colonies de fourmis (*OCF*) [Gagné *et al.*, 2002; Liao et Juan, 2007], un *Tabou-VNS* [Gagné *et al.*, 2005] et un *GRASP* [Gupta et Smith, 2006]. Des heuristiques, telles *Random-Start Pairwise Interchange* (*RSPI*) [Rubin et Ragatz, 1995] et *Apparent Tardiness Cost with Setups* (*ATCS*) [Lee *et al.*, 1997] ont également été proposées pour ce problème.

Au Tableau 2-2, nous retrouvons, dans la première colonne, le nom des différentes instances, et les solutions optimales trouvées par Bigras *et al.* [2008] se retrouvent dans la deuxième colonne (Opt). Par la suite, nous présentons les résultats des différentes approches répertoriées dans la littérature pour réaliser une comparaison de performance.

Le sous-groupe de colonnes indexé par RST présente respectivement le résultat minimal (MIN), le résultat moyen (MOY) et le pire résultat (MAX) obtenus par le recuit simulé (*RS*) de Tan *et al.* [2000]. Dans ce travail, les auteurs reprennent le *RS* de Tan et Narasimhan [1997] en y intégrant un processus de recherche locale basé sur la permutation de paires de travaux. Les auteurs utilisent également différents paramètres pour chaque taille d'instances. En effet, si la température initiale est la même pour toutes les instances et égale à 0.1, la température finale est égale à 1000, 1500, 5000 et 10000 respectivement pour les instances à 15, 25, 35 et 45 travaux. Le taux de refroidissement est maintenu à 0.9999 pour les quatre groupes d'instances. Les temps de calcul sont de 6, 16, 30 et 60 minutes sur un ordinateur muni d'un processeur Intel Pentium 90™ pour chaque groupe d'instances. Les résultats présentés sont obtenus avec 20 exécutions pour chacune des instances.

Le deuxième sous-groupe de colonnes noté AGR, tout en reprenant l'algorithme génétique (*AG*) proposé par Rubin et Ragatz [1995], présente les résultats de l'algorithme génétique proposé par Tan *et al.* [2000] selon le même format que RST. Les auteurs introduisent un opérateur de croisement noté *RRX* qui alterne la conservation de la position relative et absolue en générant 8 enfants à partir de deux parents. Cet algorithme génétique incorpore une recherche locale (*RL*), à savoir *RSPI* pendant la phase de mutation. Les temps d'exécution varient de 130 secondes pour les instances de 15 travaux, à 1500 secondes pour les instances de 45 travaux. Le sous-groupe de colonnes ACOG présente les résultats obtenus par l'*ACO* proposé par Gagné *et al.* [2002] selon le même format que précédemment. Dans cet algorithme, les auteurs utilisent une *RL* basée sur deux heuristiques différentes : l'échange aléatoire de paires de travaux (*RSPI*) introduite par Rubin et Ragatz [1995] et le 3-OPT restreint introduit par Kanellakis et Papadimitriou [1980]. Le choix de l'heuristique à appliquer sur une séquence complétée par une fourmi est fait aléatoirement. Les auteurs introduisent également une heuristique basée sur la marge d'un travail et qui est calculée dynamiquement en fonction du temps d'exécution, de la date due, du temps de fin d'exécution de la séquence et du temps de réglage par rapport au dernier travail placé dans la séquence.

		RST			AGR			ACOG			GRASPG			TABOU/VNS			AMF	AGF	ACOL
PROB	OPT	MIN	MOY	MAX	MIN	MOY	MAX	MIN	MOY	MAX	MIN	MOY	MAX	MIN	MOY	MAX	MOY	MOY	MIN
401	90	0,0	3,3	7,8	0,0	4,4	4,4	0,0	4,4	7,8	0,0	0,0	0,0	0,0	0,0	0,0	0,0	4,9	0,0
402	0	0,0	0,0	0,0	0,0	0,0	0,0	0,0	0,0	0,0	0,0	0,0	0,0	0,0	0,0	0,0	0,0	0,0	0,0
403	3418	0,0	0,0	0,8	0,0	0,0	0,0	0,0	1,1	2,1	0,0	0,0	0,0	0,0	0,3	2,6	0,0	0,6	0,0
404	1067	0,0	0,0	0,0	0,0	0,0	0,0	0,0	0,0	0,0	0,0	0,0	0,0	0,0	0,0	0,0	0,0	0,0	0,0
405	0	0,0	0,0	0,0	0,0	0,0	0,0	0,0	0,0	0,0	0,0	0,0	0,0	0,0	0,0	0,0	0,0	0,0	0,0
406	0	0,0	0,0	0,0	0,0	0,0	0,0	0,0	0,0	0,0	0,0	0,0	0,0	0,0	0,0	0,0	0,0	0,0	0,0
407	1861	0,0	0,0	0,4	0,0	0,0	0,0	0,0	0,0	1,1	0,0	0,0	0,0	0,0	0,0	0,0	0,0	0,1	0,0
408	5660	0,0	0,0	0,6	0,0	0,0	0,9	0,0	1,1	1,5	0,0	0,0	0,0	0,0	0,4	0,6	0,0	0,0	0,0
501	261	2,0	3,1	5,4	1,1	2,7	5,0	0,0	2,0	3,1	0,0	0,7	0,7	0,0	0,0	0,0	0,1	2,7	0,8
502	0	0,0	0,0	0,0	0,0	0,0	0,0	0,0	0,0	0,0	0,0	0,0	0,0	0,0	0,0	0,0	0,0	0,0	0,0
503	3497	0,0	0,6	1,3	0,0	0,6	1,3	0,0	0,7	1,3	0,0	0,0	0,0	0,0	0,4	0,8	0,0	0,1	0,0
504	0	0,0	0,0	0,0	0,0	0,0	0,0	0,0	0,0	0,0	0,0	0,0	0,0	0,0	0,0	0,0	0,0	0,0	0,0
505	0	0,0	0,0	0,0	0,0	0,0	0,0	0,0	0,0	0,0	0,0	0,0	0,0	0,0	0,0	0,0	0,0	0,0	0,0
506	0	0,0	0,0	0,0	0,0	0,0	0,0	0,0	0,0	0,0	0,0	0,0	0,0	0,0	0,0	0,0	0,0	0,0	0,0
507	7225	0,0	1,1	2,4	2,1	6,1	9,6	0,7	1,8	3,7	0,0	0,0	0,0	0,0	0,0	0,0	0,0	1,3	0,0
508	1915	0,0	0,0	4,6	1,6	1,6	6,3	1,6	14,3	23,3	0,0	0,0	0,0	0,0	0,0	0,0	0,0	0,9	0,0
601	12	200,0	258,3	391,8	341,8	525,0	633,3	33,3	116,8	166,8	33,3	100,0	141,8	0,0	0,0	0,0	50,0	345,0	16,7
602	0	0,0	0,0	0,0	0,0	0,0	0,0	0,0	0,0	0,0	0,0	0,0	0,0	0,0	0,0	0,0	0,0	0,0	0,0
603	17587	1,2	1,9	2,5	0,4	1,5	3,3	0,6	1,2	1,4	0,0	0,2	0,3	0,0	0,1	0,1	0,3	2,2	0,4
604	19092	0,8	1,7	3,8	1,2	2,0	3,6	0,2	1,3	2,3	0,1	0,2	0,4	0,0	0,7	1,0	0,4	2,6	0,0
605	228	19,7	26,1	39,0	45,1	75,2	100,0	8,4	16,4	26,4	6,6	9,6	10,5	0,0	0,4	0,9	4,3	35,0	5,3
606	0	0,0	0,0	0,0	0,0	0,0	0,0	0,0	0,0	0,0	0,0	0,0	0,0	0,0	0,0	0,0	0,0	0,0	0,0
607	12969	0,6	2,2	4,1	7,5	9,1	10,1	0,9	2,2	3,0	0,0	0,1	0,5	0,0	0,3	0,6	0,6	3,8	0,3
608	4732	0,0	0,6	3,6	0,6	1,2	3,8	0,0	6,5	13,2	0,0	0,0	0,0	0,0	0,0	0,0	0,0	5,2	0,0
701	97	21,6	54,6	68,0	88,7	118,6	160,8	6,2	12,9	19,6	6,2	20,1	22,7	1,0	3,0	5,2	12,6	81,9	6,2
702	0	0,0	0,0	0,0	0,0	0,0	0,0	0,0	0,0	0,0	0,0	0,0	0,0	0,0	0,0	0,0	0,0	0,0	0,0
703	26506	0,9	2,4	3,6	2,1	3,8	4,8	0,6	1,2	1,7	0,4	0,6	0,9	0,0	0,8	1,4	0,7	3,6	0,2
704	15206	1,4	3,6	5,9	2,3	3,2	5,9	1,9	3,7	4,5	0,0	0,0	0,2	0,0	0,8	1,7	0,2	4,6	1,3
705	200	26,9	41,0	74,4	79,5	121,5	151,0	11,0	23,6	35,0	11,0	23,0	25,0	0,0	2,1	4,0	12,2	67,2	9,5
706	0	0,0	0,0	0,0	0,0	0,0	0,0	0,0	0,0	0,0	0,0	0,0	0,0	0,0	0,0	0,0	0,0	0,0	0,0
707	23789	1,8	2,8	4,5	4,2	7,3	12,0	1,0	1,9	2,3	0,1	0,5	0,7	0,0	0,1	0,4	0,5	2,6	0,6
708	22807	1,5	2,4	3,7	8,7	13,4	16,5	2,4	4,0	5,1	0,0	0,1	0,2	0,0	1,3	2,7	0,3	2,8	1,0

Tableau 2-2 : Résultats de la littérature pour les petites instances

Cette heuristique est utilisée pour le choix du travail suivant à placer dans la séquence en cours. L'algorithme est exécuté 20 fois sur un ordinateur Pentium III™ avec 256 MB de RAM et 733 MHz de processeur pour des temps d'exécution variant de 0 à 20 secondes.

Le sous-groupe de colonnes indexées par GRASPG présente les résultats obtenus par le *GRASP* hybridé avec un *Path Relinking* proposé par Gupta et Smith [2006]. Le processus d'amélioration locale dans le *GRASP* est assuré par un *VND* (*Variable Neighborhood Descent*) qui est une adaptation du *VNS* (*Variable Neighborhood Search*) [Mladenovic et Hansen, 1997]. Ils appliquent successivement trois heuristiques différentes pour générer trois voisinages de recherche. Ces heuristiques sont : l'échange de paires de travaux, l'insertion de travaux vers l'avant et l'insertion de travaux vers l'arrière. L'algorithme évolue pendant 5000 itérations et le *Path Relinking* est appliqué toutes les 100 itérations. En se basant sur un ensemble de bonnes solutions, ce dernier tend à améliorer les solutions trouvées en les reconstruisant. Les auteurs introduisent une heuristique de construction calculant dynamiquement trois différents coûts basés sur les temps d'exécution, les dates dues et les temps de réglages des travaux ainsi que les temps de fin d'exécution totaux des sous-séquences considérées. Pendant cette phase, les auteurs maintiennent une liste de travaux à placer où un paramètre α représente le seuil probabiliste de choix du travail. Les temps de calcul pour l'obtention de la meilleure solution varient de 2.5 secondes pour les petites instances, à 267 secondes pour les plus grandes à 45 travaux. Cette méthode est exécutée 20 fois sur un ordinateur Pentium IV™ avec 1 GB de RAM et 2.4 GHz de processeur.

Le sous-groupe de colonnes indexées par TABOU/VNS présente les résultats obtenus par le *Tabou-VNS* de Gagné *et al.* [2005]. Les auteurs ont testé six différents voisinages pour en déterminer les meilleurs : 2-OPT [Lin et Kernighan, 1973], 3-OPT restreint introduit par Kanellakis et Papadimitriou [1980], *RSPI* [Rubin et Ragatz, 1995], OR-OPT [Or, 1976], HYPER-OPT et un OR-OPT adapté au retard total. Le 3-OPT restreint ainsi que OR-OPT se sont avérés les voisinages les plus performants et ont été intégrés à l'algorithme. La recherche avec tabous effectue 50000 évaluations pour une taille de voisinage égale à 60*n, 40*n, 20*n pour les deux voisinages respectivement et séquentiellement, et où n représente le nombre de travaux à exécuter. Une liste circulaire est utilisée pour gérer la liste taboue de taille égale à 7 et comportant les paires de travaux permutés.

Les colonnes indexées par AMF et AGF présentent respectivement la moyenne des résultats de l'algorithme mémétique et l'algorithme génétique de França *et al.* [2001]. Les auteurs ne présentent pas d'autres résultats (meilleurs et pires). Pour résoudre le problème, les auteurs testent deux opérateurs de croisement : *OX* [Davis, 1991] et *RRX* [Rubin et Ragatz, 1995]. De même, ils utilisent une population structurée, généralement utilisée pour paralléliser des algorithmes où des procédures de migration sont maintenues. De même, les auteurs introduisent des heuristiques de réduction de voisinage lors de l'application des procédures d'amélioration locale aux enfants générés. Ces procédures sont basées sur la génération de deux voisinages différents : une heuristique d'insertion et une heuristique d'échange de paires de travaux qui se veut similaire à *RSPI*. Les résultats fournis sont la moyenne de 20 exécutions sur un ordinateur Pentium II™ avec 128 MB de RAM et 266 MHz de processeur pendant 2 minutes pour chaque exécution.

La dernière colonne indexée par ACOL présente les meilleurs résultats trouvés par l'*ACO* de Liao et Juan [2007]. Les auteurs ne présentent pas d'autres résultats (moyens et pires). Ils utilisent l'heuristique *ATCS* lors de la phase d'initialisation de la matrice de visibilité, mais également pour le calcul de la probabilité de choix du prochain travail à insérer dans la sous-séquence en cours de construction par une fourmi. Si une fourmi améliore la meilleure solution courante, les auteurs appliquent une procédure d'amélioration locale basée sur la permutation ou l'insertion de travaux. L'algorithme s'arrête après 1000 cycles ou 50 cycles sans améliorations. Les résultats présentés sont les meilleurs de 10 exécutions sur un ordinateur Pentium IV™ avec 2.8 GHz de processeur, et le temps moyen d'exécution est de 25 secondes.

Tous les résultats issus des différents articles ont été ramenés aux mêmes éléments de comparaison, à savoir les résultats optimaux obtenus par le *B&B* de Bigras *et al.* [2008]. Ainsi, les résultats concernant les différentes méthodes répertoriées présentent les déviations des meilleurs résultats, des résultats moyens et des pires résultats par rapport aux valeurs optimales (Opt). Au Tableau 2-2, les meilleurs résultats minimaux sont présentés en caractères gras, les meilleurs résultats moyens, en zone ombragée claire et les meilleurs résultats maximaux, en zone ombragée foncée.

Nous notons que l'algorithme TABOU/VNS se distingue plus particulièrement. En effet, l'algorithme de Gagné *et al.* [2005] obtient les meilleurs résultats minimaux sur toutes les instances. Concernant les résultats moyens, TABOU/VNS obtient les meilleurs résultats sur 24 des 32 instances, alors que pour les résultats maximaux, TABOU/VNS obtient les meilleurs résultats sur 22 des 32 instances. C'est ainsi que les résultats de TABOU/VNS pour les petites instances représenteront le principal élément de comparaison dans la suite de cette thèse.

Pour les 32 instances proposées par Gagné *et al.* [2002], seulement les instances **2 et **6 ont été résolues optimalement avec une valeur de retard total égale à 0. Au Tableau 2-3, la deuxième colonne (MS) indique le résultat de la meilleure solution trouvée jusqu'ici pour les instances de la première colonne (PROB). Les sous-groupes de colonnes indexé par ACOG, GRASPG, TABOU/VNS présentent le résultat minimal (MIN), le résultat moyen (MOY) et le pire résultat (MAX) obtenu respectivement par l'*ACO* de Gagné *et al.* [2002], le *GRASP* de Gupta et Smith [2006] et le *Tabou-VNS* de Gagné *et al.* [2005] décrits précédemment. La dernière colonne indexée par ACOL présente les meilleurs résultats obtenus par l'*ACO* de Liao et Juan [2007] décrit également plus haut. Il est à noter qu'aucun algorithme génétique n'a été utilisé sur ces instances.

Tous les résultats issus des différents articles ont été ramenés aux mêmes éléments de comparaison, à savoir les meilleurs résultats obtenus jusqu'ici. Ainsi, les résultats concernant les différentes méthodes répertoriées pour ces instances présentent les déviations des résultats minimaux, moyens ou maximaux par rapport aux meilleurs résultats trouvés (MS). Au Tableau 2-3, les meilleurs résultats minimaux sont présentés en caractères gras, les meilleurs résultats moyens, en zone ombragée claire et les meilleurs résultats maximaux, en zone ombragée foncée. Nous notons que l'algorithme TABOU/VNS se distingue plus particulièrement. En effet, l'algorithme de Gagné *et al.* [2005] obtient les meilleurs résultats minimaux pour 24 des 32 instances. Concernant les résultats moyens, TABOU/VNS obtient les meilleurs résultats pour 24 des 32 instances. Finalement, pour les résultats maximaux, TABOU/VNS obtient les meilleurs résultats pour 23 des 32 instances. Ainsi, pour les grandes instances comme pour les petites, la comparaison des algorithmes proposés dans cette thèse se fera avec le TABOU/VNS.

PROB	MS	ACOG MIN	ACOG MOY	ACOG MAX	GRASPG MIN	GRASPG MOY	GRASPG MAX	Tabou/VNS MIN	Tabou/VNS MOY	Tabou/VNS MAX	ACOL MIN
551	183	15,8	31,9	49,2	32,2	42,3	47,0	1,1	5,8	10,9	0,0
552	0	0,0	0,0	0,0	0,0	0,0	0,0	0,0	0,0	0,0	0,0
553	40540	0,5	1,1	1,6	0,1	0,5	0,7	0,0	0,2	0,6	0,1
554	14653	3,0	6,6	12,1	0,0	0,0	0,2	0,4	2,3	5,5	0,2
555	0	0,0	0,0	0,0	0,0	0,0	0,0	0,0	0,0	0,0	0,0
556	0	0,0	0,0	0,0	0,0	0,0	0,0	0,0	0,0	0,0	0,0
557	35813	1,8	4,1	5,9	0,1	0,4	0,6	0,0	0,2	1,1	1,6
558	19871	3,8	7,6	13,0	0,0	0,0	0,0	0,0	0,8	1,7	0,1
651	268	10,1	19,1	30,6	24,3	32,7	37,3	0,0	2,0	4,5	0,0
652	0	0,0	0,0	0,0	0,0	0,0	0,0	0,0	0,0	0,0	0,0
653	57569	0,3	1,2	1,8	0,5	0,9	1,2	0,0	0,0	0,0	0,4
654	34301	0,5	3,1	5,2	0,3	0,6	0,9	0,5	1,3	3,1	0,0
655	2	550,0	1165,0	1800,0	1400,0	1647,5	1950,0	0,0	125,0	250,0	250,0
656	0	0,0	0,0	0,0	0,0	0,0	0,0	0,0	0,0	0,0	0,0
657	54895	2,1	3,5	5,0	0,5	0,7	1,0	0,0	0,3	0,5	0,6
658	27114	8,1	11,2	14,6	0,0	0,1	0,2	0,3	0,5	0,9	0,3
751	241	9,1	29,3	52,7	31,5	38,6	44,0	0,0	2,9	5,8	0,0
752	0	0,0	0,0	0,0	0,0	0,0	0,0	0,0	0,0	0,0	0,0
753	77663	0,7	1,1	1,7	0,7	1,2	1,4	0,1	0,3	0,6	0,0
754	35200	1,4	6,2	8,5	0,0	0,3	0,5	1,1	2,7	4,2	0,9
755	0	0,0	0,0	0,0	0,0	0,0	0,0	0,0	0,0	0,0	0,0
756	0	0,0	0,0	0,0	0,0	0,0	0,0	0,0	0,0	0,0	0,0
757	59735	2,9	4,1	5,9	0,8	1,2	1,3	0,0	0,2	0,4	0,6
758	38339	5,0	9,5	12,0	0,0	0,2	0,5	1,1	2,3	4,0	0,9
851	384	18,0	33,1	45,1	38,3	45,6	50,8	0,0	1,8	3,9	18,5
852	0	0,0	0,0	0,0	0,0	0,0	0,0	0,0	0,0	0,0	0,0
853	97642	0,7	1,1	1,4	0,9	1,3	1,4	0,0	0,2	0,6	0,6
854	79278	1,4	2,7	4,0	1,0	1,4	1,8	0,7	1,6	2,6	0,0
855	283	17,7	32,0	44,5	38,9	47,5	54,1	0,0	13,4	24,4	14,5
856	0	0,0	0,0	0,0	0,0	0,0	0,0	0,0	0,0	0,0	0,0
857	87244	2,8	3,8	4,8	1,0	1,3	1,6	0,0	0,9	1,8	0,3
858	74785	3,6	5,4	7,2	0,0	0,2	0,4	0,4	1,2	2,8	0,4

Tableau 2-3 : Résultats de la littérature pour les grandes instances

2.5 Conclusion

Nous avons présenté, dans la première partie de ce chapitre, les problèmes d'ordonnancement, leur classification et leur notation pour les décrire, les différents critères d'évaluation ainsi qu'une brève introduction à la théorie de la complexité des problèmes. Nous avons ensuite présenté une taxonomie non exhaustive des problèmes d'ordonnancement avec temps de réglages dépendants de la séquence pour les modèles à machine unique. Cette revue de la littérature a fait état de l'abondance des travaux minimisant l'objectif du *Makespan* (C_{max}) et de l'existence d'un unique travail où une métaheuristique est hybridée avec l'ordonnancement basé sur les contraintes [Spina *et al.*, 2003]. La revue de la littérature concernant les autres modèles d'ordonnancement avec temps de réglages dépendants de la séquence (machines parallèles, *flow-shop* et *job-shop*) a mené à un constat identique à celui des modèles à machine unique concernant la minimisation du *Makespan* et l'hybridation impliquant une métaheuristique avec l'*ordonnancement basé sur les contraintes* [Jouglet *et al.*, 2009].

Ainsi, nous avons pu constater que peu de travaux ont traité les problèmes d'ordonnancement avec temps de réglages dépendants de la séquence ayant pour objectif le respect des dates dues en général et le retard total en particulier. Pourtant, cet objectif représente sans doute l'un des plus utilisés en milieu industriel [Allahverdi *et al.*, 1999; Pinedo, 2002; Allahverdi *et al.*, 2008]. De même, l'*ordonnancement basé sur les contraintes* a été peu utilisé pour ce type de problèmes, alors que cette méthode de résolution a démontré de belles perspectives pour de nombreux problèmes d'ordonnancement [LePape, 1994; LePape et Nuijten, 1995; Nuitjen et Aarts, 1996; Nuijten et Pape, 1998; Baptiste *et al.*, 2001].

Nous avons ensuite décrit, dans la deuxième partie de ce chapitre, le problème traité dans cette thèse : le problème d'une machine unique avec temps de réglages dépendants de la séquence minimisant le retard total. Nous avons pu constater l'importance des mécanismes de conservation à la fois de l'ordre absolu et de l'ordre relatif des différents travaux lors du processus de résolution de ce problème.

Dans la dernière partie de ce chapitre, les deux jeux d'essai utilisés dans la plupart des travaux de la littérature ont été décrits. Nous y avons également exposé les différentes méthodes issues de la littérature qui traitent ce problème. Nous avons pu remarquer qu'il existe peu d'algorithmes génétiques traitant ce problème. De même, les résultats fournis des quelques algorithmes génétiques utilisés sont dépassés par toutes les autres méthodes de résolution où le TABOU/VNS de Gagné *et al.* [2005] fournit les meilleurs résultats

36

parmi toutes les méthodes recensées. Ceci laisse donc à penser que ces algorithmes génétiques, en utilisant des opérateurs classiques, sont mal adaptés au problème traité. Finalement, il n'existe aucune hybridation intégrant une approche exacte et plus précisément la programmation par contrainte dans une métaheuristique qui traite ce problème.

En résumé, et en considérant le problème d'une machine unique avec temps de réglages dépendants de la séquence minimisant le retard total, nous avons pu constater que les algorithmes génétiques étaient peu performants pour résoudre ce problème et ce, en utilisant des opérateurs classiques. De plus, pour résoudre ce problème, il n'existe aucune recherche utilisant l'ordonnancement basé sur les contraintes. Il en est de même pour une hybridation impliquant cette technique ou toute autre méthode exacte avec une métaheuristique. C'est ainsi que pour comprendre le fonctionnement et cerner les principales composantes des algorithmes génétiques et de l'ordonnancement basé sur les contraintes, nous décrivons dans le chapitre suivant ces deux méthodes. Ces dernières seront utilisées, dans une première étape, pour résoudre le problème *MURDS*. Dans une deuxième étape, nous utiliserons une hybridation impliquant ces deux méthodes de résolution.

CHAPITRE 3

ALGORITHMES GÉNÉTIQUES ET PROGRAMMATION

PAR CONTRAINTES

3.1 Introduction

Dans le chapitre précédent, le problème étudié dans cette thèse a été défini plus spécifiquement et nous avons présenté et comparé l'ensemble des méthodes de solution retrouvées dans la littérature. Dans le présent chapitre, nous nous attarderons plus spécifiquement à présenter en détail les principales caractéristiques des deux méthodes privilégiées dans la conception des approches proposées dans cette thèse. Dans un premier temps, nous présentons les algorithmes génétiques. En utilisant des opérateurs classiques et non adaptés au problème traité, les résultats de ces derniers ont été surpassés par toutes les autres méthodes utilisées dans la littérature pour résoudre le problème *MURDS*. Dans un deuxième temps, nous décrirons les principaux opérateurs et composantes d'un algorithme génétique classique. Par la suite, nous abordons le domaine de la programmation par contraintes en détaillant les principales composantes et propriétés. Finalement, nous nous attarderons plus particulièrement à l'ordonnancement basé sur les contraintes en faisant ressortir les principaux concepts pour mener à bien la conception d'un algorithme pour résoudre le problème *MURDS*.

3.2 Les algorithmes génétiques

Les algorithmes génétiques (AG) sont au cœur des approches proposées dans cette thèse. Dans la présente section, nous précisons le vocabulaire nécessaire à la compréhension des AG et nous identifions les principaux opérateurs et composantes de ces algorithmes.

Il y a déjà deux siècles, Charles Darwin observa les phénomènes naturels et fit plusieurs constatations [Darwin, 1859]. En effet, l'évolution n'agit pas directement sur les êtres vivants, mais elle opère en réalité sur l'ADN contenu dans les chromosomes. Cette même évolution a deux composantes : la sélection et la reproduction. La sélection garantit une reproduction plus fréquente des chromosomes des êtres vivants les plus robustes, alors que la reproduction, quant à elle, est la phase durant laquelle s'effectue l'évolution.

La terminologie employée dans les AG est empruntée à la génétique : les chromosomes sont les éléments à partir desquels sont élaborées les solutions (individus). Ces chromosomes sont regroupés en population et la combinaison des chromosomes est l'étape de reproduction. Celle-ci se réalise à l'aide d'un opérateur de croisement et/ou un opérateur de mutation. D'autres notions sont propres au domaine des *AG* tel que l'indice de qualité (*fitness*), également appelé indice de performance, qui est une mesure permettant de classer les chromosomes. Il en va de même pour la fonction d'évaluation ou fonction coût qui représente la formule théorique permettant de calculer l'indice de qualité d'un chromosome.

La Figure 3-1 présente le fonctionnement itératif simplifié d'un *AG*. Tout d'abord, une population initiale *P(0)* est construite. Ensuite, itérativement, après avoir effectué un calcul de la *fitness f(i)* de chacun des individus, l'algorithme procède à une sélection des parents pour la reproduction par le croisement et la mutation, puis à un remplacement. Ce processus est répété jusqu'à ce qu'un critère d'arrêt soit satisfait. Le remplacement consiste à gérer l'insertion des nouveaux individus générés, appelés enfants, avec la population en cours de traitement. Il s'agit donc du processus de passage de la population *P(t)* à un instant *t* à la population *P(t+1)*.

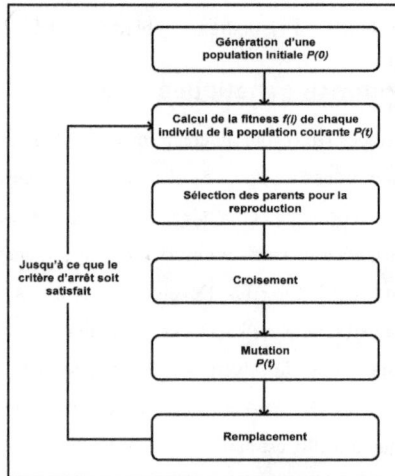

Figure 3-1: Fonctionnement d'un AG de base

Les *AG* ont été utilisés pour résoudre un grand nombre de problèmes d'optimisation combinatoire, tels le problème du voyageur de commerce [Goldberg et Lingle, 1985;

Grefenstette *et al.*, 1985], le problème du voyageur de commerce asymétrique [Choi *et al.*, 2003], le problème de couverture (*set covering problem*) [Beasley et Chu, 1996], le problème de partitionnement (*set partitionning problem*) [Chu et Beasley, 1998], le problème d'affectation [Chu et Beasley, 1997], le problème du sac alpin multidimensionnel [Chu et Beasley, 1998], la coloration de graphes [Davis, 1991], la fouille des données (*datamining*) [George, 1997], le séquençage de protéines d'ADN [Boisson *et al.*, 2006], les problèmes de minimisation de fonctions convexes [Hussain et Al-Sultan, 1997], les problèmes d'ordonnancement [Koza, 1992; Reeves, 1995; Rubin et Ragatz, 1995; Yu *et al.*, 1999; Armentano et Mazzini, 2000; Liaw, 2000; Staggemeier *et al.*, 2002; Ruiz et Maroto, 2006; Zinflou *et al.*, 2007], pour ne nommer que ceux-là. Chaque individu, modélisé par son patrimoine génétique, peut être considéré sous deux points de vue : génotypique, qui décrit l'individu d'après sa représentation, et phénotypique qui correspond à l'expression du code génétique dans l'environnement biologique.

Pour développer un *AG* et résoudre efficacement un problème, il est nécessaire d'identifier la manière de représenter les solutions (codage du chromosome), de définir la fonction d'évaluation, d'élaborer les différents opérateurs et de déterminer les paramètres, tels le choix du critère d'arrêt et la probabilité d'application des opérateurs. C'est grâce aux opérateurs génétiques qu'un *AG* évolue. Nous procédons, dans ce qui suit, à une description non exhaustive des principales composantes d'un *AG* : la représentation, la *fitness*, la population initiale, les opérateurs génétiques et le critère d'arrêt.

3.2.1 La représentation

La représentation doit être *complète*, c'est-à-dire que toutes les solutions possibles du problème doivent pouvoir être codifiées à l'aide de cette représentation. De plus, toutes les solutions codifiables doivent correspondre à des solutions réalisables, c'est-à-dire à des points de l'espace de recherche (principe de validité).

La représentation peut également produire plusieurs chromosomes pour coder la même solution, c'est-à-dire que, pour une même solution, il est possible d'avoir plusieurs codages. Cette *redondance* peut, si elle est élevée, poser des problèmes pour la convergence [Schwefel, 1981]. Goldberg [1989] énonce deux principes de base pour choisir la représentation d'une solution d'un *AG*. Tout d'abord, le codage doit contenir des blocs de construction contenant une information ayant un sens. Ensuite, l'ensemble des symboles utilisés pour ce codage, dit alphabet de codage, doit être le plus petit permettant une expression naturelle du problème. En d'autres termes, cet alphabet ne doit pas contenir des symboles redondants ou encore des symboles non utilisés pour le codage. En effet, chaque symbole d'une solution, qui peut être une lettre ou un entier par exemple, est assimilé à un gène, et toutes les valeurs qu'il peut prendre sont les allèles de ce gène. Il faudra trouver une manière de coder chaque allèle de façon unique pour ainsi établir une bijection entre l'allèle réel et sa représentation codée. Une suite de gènes forme un chromosome. Il est possible, par exemple, de choisir de regrouper les symboles similaires dans un même chromosome (chromosome à un seul brin), et chaque gène est repérable par sa position : son locus sur le chromosome en question. Chaque individu est représenté par un ensemble de chromosomes, et une population est un ensemble de chromosomes.

Historiquement, le codage utilisé par les algorithmes génétiques est représenté sous forme de chaînes de bits contenant toute l'information nécessaire à la description d'un point dans l'espace de recherche. Ce type de codage a pour intérêt de permettre de créer des opérateurs de croisement et de mutation simples. C'est également en utilisant ce type de codage que les premiers résultats de convergence théorique ont été obtenus. Cependant, ce type de codage a rapidement montré ses limites. En effet, dans le cas d'un codage binaire, la *distance de Hamming* est souvent utilisée comme mesure de la dissimilarité entre deux éléments de la population, et cette mesure compte les différences de bits de même rang de ces deux séquences. C'est toutefois là que le codage binaire commence à montrer ses limites [Schwefel, 1981]. En effet, deux éléments voisins en termes de *distance de Hamming* ne correspondent pas nécessairement à deux éléments proches dans l'espace de recherche. Cet inconvénient peut être évité en utilisant le *codage de Gray* qui a comme propriété de différer sur un seul bit pour deux éléments voisins de l'espace de recherche. De même, en utilisant un codage binaire, les performances de l'algorithme sont diminuées lorsque la longueur de la chaîne augmente. En effet, chaque variable est représentée par une partie de la chaîne de bits et la structure du problème n'est pas bien reflétée. Dans ce cas, l'ordre des variables a une importance dans la structure du chromosome, alors qu'il n'en a pas forcément dans la structure du problème. Les algorithmes génétiques utilisant des vecteurs réels [Goldberg, 1991] évitent ce problème en conservant les variables du problème dans le codage de l'élément de population sans passer par le codage binaire intermédiaire. La structure du problème est alors conservée dans le codage. À la Figure 3-2, nous observons trois représentations différentes : binaire pour C1, ordinale pour C2 et alphabétique pour C3. Il est possible de retrouver d'autres représentations dans la littérature [Goldberg, 1991].

C1	1	1	1	0	0	0	1	0
C2	2	4	1	5	3	8	7	6
C3	A	R	G	L	B	S	T	K

Figure 3-2 : Exemple de représentation

Après avoir codé les individus, il faut définir une fonction d'évaluation pour les évaluer par rapport à l'objectif du problème traité.

3.2.2 La *fitness*

La *fitness*, ou encore fonction d'évaluation, quantifie la qualité de chaque chromosome par rapport au problème. Elle est généralement utilisée pour sélectionner les chromosomes pour la reproduction. Les chromosomes ayant une bonne qualité ont alors plus de chances d'être sélectionnés pour la reproduction, faisant en sorte que la prochaine génération de la population hérite de leur matériel génétique. La fonction d'évaluation produit la pression qui permet de faire évoluer la population de l'*AG* vers des individus de meilleure qualité.

3.2.3 Population initiale

La population initiale d'un *AG* représente la population de départ de l'algorithme. Elle doit contenir des chromosomes qui sont bien répartis dans l'espace des solutions pour fournir à l'*AG* un matériel génétique varié. En effet, le choix de la population initiale d'individus conditionne fortement la convergence de l'algorithme. Si la position de l'optimum dans l'espace de solutions est totalement inconnue, il est naturel de générer aléatoirement des individus en faisant des tirages uniformes dans chacun des domaines associés aux composantes de l'espace de solutions et en veillant à ce que les individus produits respectent les contraintes pour demeurer dans cet espace [Michalewicz et Janikov, 1991]. Dans certains cas, la génération de solutions aléatoires peut produire des solutions infaisables, c'est-à-dire qui ne répondent pas aux contraintes du problème traité. Si, en revanche, des informations *a priori* sur le problème sont disponibles, il paraît évident et naturel de générer les individus dans un sous-domaine particulier afin d'accélérer la convergence. Il est alors intéressant d'utiliser des méthodes de génération d'individus pseudo-aléatoires ou même voraces en utilisant les caractéristiques dudit problème. Dans ce dernier cas, favoriser le placement d'un ou de plusieurs allèles à des positions supposées prometteuses dans un chromosome de la population initiale peut être une bonne méthode.

3.2.4 L'opérateur de sélection

L'opérateur de sélection tend à augmenter l'importance de l'utilisation des solutions de bonne qualité pour la génération de descendants. Une *pression de sélection* est généralement associée à un opérateur de sélection. Elle représente un terme informel pour décrire la force du mécanisme de la phase de sélection. Cette pression calcule le ratio de la meilleure *fitness* par rapport à la moyenne de la population. La *pression de sélection* varie selon l'opérateur de sélection choisi, et son calibrage dépend du problème traité. Il existe plusieurs méthodes de sélection. Nous décrivons, dans ce qui suit, les deux méthodes utilisées dans le chapitre suivant : la sélection par la *fitness* et la sélection par tournoi.

3.2.4.1 *La sélection par la fitness*

La sélection par la *fitness*, ou sélection par proportionnalité, est en général implémentée comme une roulette biaisée [Goldberg, 1989]. Chaque individu est représenté par une partie de la roue de taille proportionnelle à sa *fitness*. Ainsi, pour un problème de maximisation, un individu c_i a la probabilité suivante d'être sélectionné :

$$P_{Sélection}(c_i) = \frac{F_{évaluation}(c_i)}{\sum_{j=1}^{n} F_{évaluation}(c_j)}$$

où n représente la taille de la population de l'*AG*.

Cette méthode a l'avantage d'être simple et intuitive, mais elle présente certains désavantages [Deb et Beyer, 1999]. Elle requiert, par exemple, un temps de calcul important pour cumuler la somme des *fitness*. De même, elle a une forte variance. Il n'est pas impossible que, sur n sélections successives destinées à désigner les parents pour la phase de reproduction, la quasi-totalité, voire la totalité des n individus sélectionnés, soient des individus ayant une *fitness* vraiment mauvaise. Cela fait en sorte que pratiquement aucun individu, voire aucun individu à bonne *fitness*, ne fait partie des parents. Ce phénomène est bien sûr très dommageable, car il va complètement à l'encontre du principe des algorithmes génétiques qui veut que les meilleurs individus soient sélectionnés de manière à converger vers la meilleure solution possible. À l'inverse, le cas d'une domination écrasante d'un individu localement supérieur peut arriver, ce qui entraîne une grave perte de diversité. Imaginons, par exemple, qu'un individu ait une *fitness* dix fois supérieure par rapport au reste de la population; il n'est pas impossible, qu'après quelques générations successives la population ne contienne que des copies de cet individu. Certes, cet individu a très bonne une *fitness*, mais relativement avec les autres individus. Ce problème est connu sous le nom de *convergence prématurée*, où l'évolution se met à stagner et bloque sur un optimum local. Il existe certaines techniques pour limiter ce phénomène comme le *scaling*, qui consiste à effectuer un changement d'échelle de manière à augmenter ou à diminuer de manière forcée la *fitness* d'un individu par rapport à un autre selon leur écart de *fitness*.

3.2.4.2 *La sélection par tournoi*

Par cette méthode de sélection, K individus dans la population sont sélectionnés de la manière suivante : K individus sont tirés aléatoirement dans la population de n individus, où K est un paramètre appelé taille du tournoi. Il existe une sélection par tournoi déterministe ou probabiliste. Dans le cas du tournoi déterministe, le meilleur des K individus gagne le tournoi. Dans le cas probabiliste, chaque individu peut être choisi comme vainqueur avec une probabilité proportionnelle à sa fonction d'évaluation. Il est tout à fait possible que certains individus participent à plusieurs tournois. S'ils gagnent plusieurs fois, ils auront donc le droit de participer à la phase de reproduction plusieurs fois, ce qui favorise la pérennité de leurs gènes. La variance de cette méthode est élevée et le fait d'augmenter ou de diminuer la valeur de K permet respectivement de diminuer ou d'augmenter la pression de la sélection.

Il existe d'autres méthodes de sélection moins utilisées décrites et discutées dans Black *et al.* [2000].

3.2.5 L'opérateur de croisement

L'opérateur de croisement (*crossover*) utilisé par les algorithmes génétiques est la transposition informatique du mécanisme qui permet, dans la nature, la production de chromosomes qui héritent partiellement des caractéristiques des parents. Son rôle fondamental est de permettre la recombinaison des informations présentes dans le patrimoine génétique de la population. Avec l'opérateur de mutation, ils composent la phase de reproduction. C'est après avoir appliqué l'opérateur de sélection sur la population courante $P(t)$ que la phase de croisement est appliquée. Ainsi, un ou plusieurs parents sélectionnés permettent de générer un ou plusieurs enfants. Classiquement, les croisements sont envisagés avec deux parents qui génèrent deux enfants. Les individus nouvellement générés sont ensuite mis à la disposition de l'opérateur de mutation puis celui du remplacement, ou directement à celui du remplacement pour engendrer la population $P(t+1)$. Le principal but du croisement est d'enrichir la diversité de la population en manipulant la structure des chromosomes. Dans sa forme la plus simple, son fonctionnement peut être généralisé comme suit : un, deux, voire jusqu'à $lg - 1$ (où lg est la longueur du chromosome) points de croisements, appelés également *loci*, sont tirés au hasard et chaque chromosome se retrouve alors séparé en segments. Chaque segment du premier parent est ensuite échangé avec son homologue du deuxième parent selon une probabilité p_i [Goldberg, 1991]. Il est à noter que le nombre de points de croisements ainsi que la probabilité p_i permettent d'introduire plus ou moins de diversité. En effet, plus le nombre de points de croisements est grand et plus la probabilité p_i est élevée. De même, plus il y a d'échange de segments, c'est-à-dire d'échange d'informations, et plus le nombre de points de croisements est petit. Inversement, plus la probabilité p_i est faible, moins le croisement apporte de diversité à la population. Le lecteur est orienté vers Goldberg et Lingle [1985], Oliver *et al.* [1987], Bridges et Goldberg [1991] et Goldberg [1991] pour un éventail plus complet de méthodes de croisement. Nous pouvons citer, par exemple, les croisements à un point, les croisements à deux points de coupure, les croisements à multipoint de coupure, les croisements barycentriques, les croisements ordinaux, les croisements à chemin, etc. Il est possible d'imaginer et de tester différents opérateurs de croisement plus ou moins complexes sur un problème donné, mais l'efficacité de ceux-ci est souvent liée intrinsèquement au problème. Les croisements à chemin ont été introduits pour résoudre le *problème du voyageur de commerce* [Goldberg et Lingle, 1985; Grefenstette *et al.*, 1985; Mühlenbein *et al.*, 1988; Goldberg, 1989; Davis, 1991; Syswerda, 1991; Mühlenbein, 1993; Potvin, 1996].

Nous décrivons dans ce qui suit l'opérateur de croisement *OX* [Davis, 1991] utilisé dans le chapitre suivant. Pour expliquer le fonctionnement de cet opérateur, considérons les deux parents *P1* et *P2* présentés à la Figure 3-3 pour deux séquences de 9 travaux. *OX* sélectionne tout d'abord deux points de coupure aléatoires notés *C1* et *C2*. Ensuite, la sous-séquence [*C1, C2*] de *P1,* qui apparaît en gris à la même figure, est copiée à la même position dans l'enfant *E1*. Puis, à la suite de *C2*, nous copions les éléments à partir de *P2* sans pour autant recopier les éléments déjà copiés de *P1*. Si la fin de *P2* est atteinte, alors nous reprenons le même processus à partir du début de *P2* et le remplissage à partir du début de *P1*. Pour générer le deuxième enfant *E2*, le même processus est appliqué en inversant le rôle des parents.

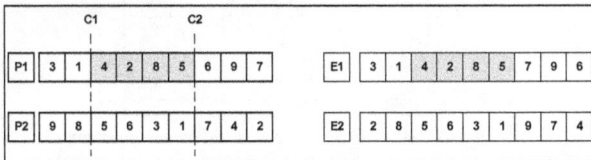

Figure 3-3 : Illustration du fonctionnement d'*OX*

3.2.6 L'opérateur de mutation

L'opérateur de mutation apporte aux algorithmes génétiques la propriété d'ergodicité de parcours de l'espace des solutions. Cette propriété indique que l'algorithme génétique est susceptible d'atteindre tous les points de l'espace de recherche, sans pour autant tous les parcourir dans le processus de résolution. Ainsi, en toute rigueur, l'algorithme génétique peut converger sans croisement, et certaines implantations fonctionnent de cette manière [Fogel *et al.*, 1966]. Les propriétés de convergence des algorithmes génétiques sont donc fortement dépendantes de cet opérateur sur le plan théorique. Cet opérateur consiste à changer la valeur allélique d'un gène avec une probabilité p_m très faible, généralement comprise entre 0.01 et 0.001 [Black *et al.*, 2000]. Il est également possible de prendre p_m = 1 / lg où lg est la longueur de la chaîne de bits codant notre chromosome, dans le cas d'un codage binaire. Dans un tel cas, une mutation peut consister simplement en l'inversion d'un bit (ou de plusieurs bits) se trouvant en un locus bien particulier et également déterminé de manière aléatoire. Pour les problèmes discrets, l'opérateur de mutation consiste généralement à tirer aléatoirement un gène dans le chromosome et à le remplacer par une valeur aléatoire. Si la notion de distance existe, cette valeur peut être choisie dans le voisinage de la valeur initiale. Il est également possible de procéder par une inversion de deux positions. Dans les problèmes continus, le processus est similaire en tirant aléatoirement un gène dans le chromosome, auquel un bruit généralement gaussien est ajouté. Le lecteur est référé à Black *et al.* [2000] pour d'autres techniques de mutation. À la Figure 3-4, nous illustrons la mutation par inversion utilisée généralement en codage binaire. Le cinquième gène est sélectionné et inversé.

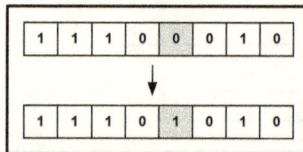

Figure 3-4 : Illustration de la mutation par inversion

Quant à la mutation par échange, elle consiste à sélectionner de manière aléatoire deux gènes d'un individu et à échanger les positions respectives des deux éléments choisis. Ce genre de mutation est généralement observé dans des codages ordinaux [Black *et al.*,

2000]. À la Figure 3-5, les troisième et sixième gènes sont choisis aléatoirement et inversés.

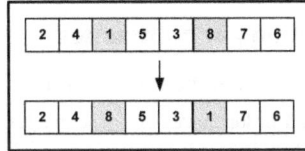

Figure 3-5 : Illustration de la mutation par échange

3.2.7 L'opérateur de remplacement

Cette dernière étape du processus itératif consiste à incorporer de nouvelles solutions dans la population courante. Les nouvelles solutions sont ajoutées à la population courante en remplacement (total ou partiel) des anciennes solutions. Généralement, les meilleures solutions remplacent les plus mauvaises et il en résulte une amélioration de la population. Lorsque la nouvelle population n'est constituée que des nouvelles solutions, l'AG est dit générationnel.

Le remplacement peut également se formaliser par l'utilisation de stratégies appelées $(\mu + \lambda)$ ou (μ, λ) où μ correspond au nombre de parents utilisés pour générer λ enfants. Dans la première stratégie $(\mu + \lambda)$, les μ meilleurs individus dans les populations parents et enfants combinées sont retenus. La stratégie (μ, λ) consiste à retenir les μ meilleurs individus parmi les λ enfants.

3.2.8 Critères d'arrêt

Il est évident qu'un AG ne peut évoluer indéfiniment. Nous pouvons citer différents critères d'arrêt comme le temps, un nombre déterminé de générations, un nombre fixé d'évaluations, une valeur particulière de la fonction objectif, etc.

L'intérêt des AG est de produire des solutions diversifiées et de qualité. Afin de les appliquer à un problème particulier, il est nécessaire de définir convenablement la fonction d'évaluation et la représentation des individus. Ces algorithmes nécessitent également la définition d'opérateurs, aussi bien de mutation que de croisement, en adéquation avec le problème. Dans de nombreux cas, ils peuvent être difficiles à paramétrer.

3.3 La programmation par contraintes

Comme nous l'avons vu au chapitre précédent, peu de travaux dans le domaine de l'ordonnancement ont utilisé l'ordonnancement basé sur les contraintes, branche de la programmation par contraintes qui traite les problèmes d'ordonnancement. Ainsi, pour résoudre efficacement le problème traité dans ce travail de recherche, nous abordons les différents concepts utilisés en programmation par contraintes qui sont à la base de ceux utilisés en ordonnancement basé sur les contraintes. De plus, plusieurs de ces concepts peuvent s'avérer prometteurs pour les hybridations proposées dans cette thèse.

Chaque année, le nombre de sociétés exploitant et utilisant la programmation par contraintes augmente considérablement. En effet, des sociétés telles que British Airways, SAS, Swiss Air, SNCF, Michelin et Ericsson utilisent cette approche dans leur système d'information. De même, plusieurs solutions commerciales basées sur cette approche trouvent de plus en plus de clients [Yunes *et al.*, 2010]. Parmi ces solutions, nous citons à titre d'exemples PeopleSoft, i2 Technologies, InSol et Vine Solutions. Il existe également des entreprises, telles ILOG, IF Computer, Cosytec, SICS et PrologIA, qui fournissent des outils basés sur cette approche pour élaborer des systèmes d'information [Freuder et Wallace, 2000; Yunes *et al.*, 2010].

Pendant de nombreuses années, les problèmes de satisfaction de contraintes (*Constraint Satisfaction Problems* (*CSP*)) ont été un sujet de recherche dans le domaine de l'intelligence artificielle (*IA*). Centrées sur des problèmes d'optimisation combinatoire difficiles, les recherches en *IA* remontent aux années cinquante et soixante et elles ont contribué aux progrès considérables réalisés dans le raisonnement par contraintes. Plusieurs algorithmes ont été conçus à cette époque et sont devenus la base des algorithmes actuels de satisfaction de contraintes. Les premiers travaux sur ces problèmes, appelés au début réseaux de contraintes, ont été essentiellement motivés par des problèmes découlant du domaine du traitement de l'image [Montanari, 1974; Waltz, 1975].

Un *CSP* consiste en un triplet $P = \{X, D, C\}$ où X est un ensemble de variables $\{X_1, X_2, ..., X_n\}$, D est un ensemble de domaines $\{D_1, D_2, ..., D_n\}$ et C un ensemble de contraintes. Chaque X_i peut prendre une valeur comprise dans le domaine D_i et doit respecter les contraintes de C. Les valeurs des variables peuvent ne pas être des entiers consécutifs ou des valeurs numériques [Van-Hentenryck, 1990; Baptiste, 1998]. La portée d'une contrainte C est le nombre de variables $E \in X$ tel que les valeurs $v \in D$ pouvant être prises par E sont restreintes par C [Dechter et Frost, 2002]. Une contrainte s'appliquant à seulement une variable est dite unaire. Une contrainte s'appliquant à deux variables est dite, quant à elle, une contrainte binaire. Un *CSP* peut être vu sous la forme d'un graphe de contraintes où les sommets représentent les variables et où les arêtes représentent les contraintes du problème. Ainsi, pour un graphe de contraintes binaires, un ensemble de contraintes $C_{ij} \in C$ est associé. Ces contraintes restreignent les valeurs pouvant être prises par les variables X_i et X_j simultanément [Cooper *et al.*, 1994]. Une solution d'un *CSP* est une affectation d'une valeur de son domaine à chaque variable de manière à ce que toutes les contraintes soient satisfaites. Ainsi, nous pouvons rechercher une unique solution sans préférence, toutes les solutions, une solution optimale ou une bonne solution, étant donné une fonction objectif définie incluant toutes les variables. Dans ce dernier cas, nous parlons de problèmes d'optimisation de contraintes (*Constraint Optimisation Problems* (*COP*)).

Parmi les problèmes de *CSP* les plus connus figurent le problème des reines et le problème de coloration de graphe. Le problème des reines consiste à placer n reines sur $n*n$ différentes cases d'un échiquier de n lignes par n colonnes, de manière à ce qu'aucune reine ne puisse en éliminer une autre (sur les trois axes : vertical, horizontal et diagonal) [Tsang, 1999]. Le problème de coloration de graphe est un problème où une couleur doit être affectée à chacune des zones d'une carte, de manière à ce qu'aucune zone adjacente de cette dernière ne soit de la même couleur. Il est ainsi possible de chercher à minimiser le nombre de couleurs utilisées pour colorier les différentes régions ou de minimiser le nombre de conflits avec un nombre limité de couleurs [Zhou et Nishizeki, 1999]. Plusieurs autres problèmes ont été traités comme étant des *CSP*, tels les problèmes d'ordonnancement [Baptiste et LePape, 1995; LePape et Nuijten, 1995; Nuitjen et Aarts,

1996; Baptiste, 1998; Baptiste *et al.*, 2001; Boivin, 2005; Burke *et al.*, 2007], les problèmes de satisfaction (*SAT*) [Bennaceur, 1996], le problème de partitionnement [Brown, 1998], les problèmes d'affectation [Frisch *et al.*, 2001] et les problèmes de séquençage d'ADN [Frutos *et al.*, 1997] pour ne nommer que ceux-là.

Le choix de concevoir et de résoudre un problème en *CSP* plutôt qu'avec la programmation mathématique, par exemple, repose sur deux raisons. Premièrement, une représentation en *CSP* est souvent plus proche du problème : les variables du *CSP* correspondent aux entités du problème, et les contraintes n'ont pas à être traduites en inégalités linéaires. Cela rend la formulation plus simple, la solution plus facile à comprendre et rend le choix de bonnes heuristiques pour guider la stratégie de résolution plus simple. Deuxièmement, bien que les algorithmes de *CSP* soient simples, ils peuvent parfois trouver la solution plus rapidement que la programmation mathématique [Van-Hentenryck, 1990; Baptiste, 1998].

Dans le but de résoudre des problèmes d'optimisation combinatoire, l'une des principales idées de la *PC* est d'utiliser les contraintes pour réduire l'espace de recherche de solutions afin de réduire les temps de calcul. Ce procédé est communément appelé la propagation de contraintes. Ainsi, des déductions sont effectuées afin de réduire les domaines des variables. Toutefois, cette technique demeure insuffisante pour résoudre les *CSP* qui sont généralement de la classe *NP-difficile* [Garey et Johnson, 1979]. En effet, la propagation de contraintes ne génère que quelques déductions. Il est alors nécessaire de réaliser une recherche dans l'espace de recherche, qui est généralement sous forme d'un arbre, pour trouver une solution ou déterminer s'il en existe une. Ainsi, deux composants sont introduits dans cette recherche : le premier consiste à aller vers l'avant pour faire le choix des variables et des valeurs, et le deuxième à revenir vers l'arrière pour corriger les contradictions s'il en survient.

Dans la prochaine section, nous détaillons les différentes méthodes utilisées pour résoudre un *CSP* : la recherche systématique dans l'espace de recherche, la vérification de la consistance et la propagation de contraintes. Nous décrivons ensuite quelques méthodes d'amélioration de la recherche.

3.3.1 La recherche systématique

Une solution au *CSP* peut être trouvée en cherchant systématiquement parmi toutes les affectations possibles des valeurs aux variables. Les méthodes de recherche utilisées pour cela se divisent en deux catégories. La première catégorie regroupe les méthodes qui parcourent l'espace de recherche composé des solutions complètes pour lesquelles une valeur est affectée à toutes les variables. La deuxième catégorie regroupe, quant à elle, les méthodes qui parcourent l'espace de recherche composé de solutions partielles pour lesquelles une partie des affectations est effectuée. Par la suite, ces méthodes étendent les solutions partielles pour obtenir des solutions complètes en prolongeant l'affectation partielle de valeurs. Il existe plusieurs algorithmes de résolution de *CSP* évoluant par le biais de recherche systématique d'affectation de valeurs aux variables. Certains de ces algorithmes garantissent de trouver une solution, si elle existe, ou prouvent que le problème étudié est insoluble. Ainsi, la recherche systématique est complète. Le principal désavantage de ces méthodes est qu'elles exigent énormément de temps de calcul. De même, ces méthodes utilisent généralement le composant de retour en arrière dans la recherche dans un arbre comme mécanisme de correction d'une décision prise antérieurement. Nous décrivons, dans la prochaine sous-section, quelques méthodes de recherche systématique.

3.3.1.1 *Générer et Tester*

La méthode *Générer et Tester* (*GT*) tient ses origines des approches mathématiques pour résoudre des problèmes combinatoires. C'est un algorithme typique de recherche complète dans l'espace de solutions. D'abord, l'algorithme génère quelques affectations complètes de variables et vérifie si celles-ci satisfont toutes les contraintes. Si ce test échoue, il existe alors des contraintes insatisfaites. L'algorithme essaie alors d'autres affectations et s'arrête dès qu'une affectation complète et satisfaisante pour toutes les contraintes est trouvée. Cette affectation représente une solution au problème. Dans le cas où toutes les affectations sont explorées et qu'aucune d'elles ne satisfait toutes les contraintes, le problème n'admet alors aucune solution. L'algorithme *GT* cherche systématiquement dans l'ensemble de l'espace de solutions en explorant toutes les combinaisons possibles des affectations de variables. Le nombre de ces combinaisons est égal à la taille du produit cartésien de tous les domaines des variables.

Le principal inconvénient pour utiliser cette méthode est le fait de générer plusieurs affectations de valeurs aux variables qui sont rejetées lors de la phase de test. De plus, le générateur d'affectations de variables utilisé est aveugle. En effet, s'il existe déjà des instanciations conflictuelles, cela ne l'empêche pas d'en générer d'autres. Pour remédier à cela, il est possible de limiter la taille du générateur ou de fusionner la partie de génération avec celle du test.

3.3.1.2 *Le retour arrière*

L'algorithme le plus connu et utilisé en programmation par contrainte pour faire une recherche systématique est sans doute le retour-arrière (*BackTraking*) (*BT*) [Gaschnig, 1978]. Le *BT* essaie d'étendre progressivement une solution partielle qui spécifie les valeurs consistantes ou encore cohérentes de certaines variables jusqu'à l'obtention d'une solution complète. Pour cela, le *BT* choisit des valeurs pour les variables non instanciées qui soient consistantes avec celles de la solution partielle. La consistance implique qu'aucune des contraintes n'est violée. Le *BT* peut être considéré comme la fusion des phases de génération et de test de *GT*. Dans le *BT*, les variables sont instanciées de façon séquentielle et, dès que toutes les variables pertinentes à une contrainte sont instanciées, la validité de la contrainte est vérifiée. Si une affectation partielle viole une contrainte, le retour arrière est effectué vers la dernière variable instanciée qui possède d'autres possibilités d'instanciation. Ainsi, à chaque retour arrière, un sous-espace du produit cartésien des domaines des variables est éliminé. Conséquemment, le *BT* est de loin supérieur au *GT*. Cependant, la complexité de son fonctionnement non trivial est encore exponentielle pour la plupart des problèmes. Ces algorithmes sont également appelés, dans leur forme la plus simple, algorithmes à retour arrière chronologique du le fait qu'ils vont chercher la dernière variable instanciée.

Le *BT*, dans sa forme standard, comporte trois principaux inconvénients. En effet, le *BT* standard n'identifie pas la raison réelle du conflit créé. Ainsi, la recherche dans différentes régions de l'espace peut produire des échecs de test pour les mêmes raisons. Le *BackJumping* (*BJ*), décrit plus loin, également appelé *BT Intelligent*, peut remédier à cet inconvénient. Le deuxième inconvénient du *BT* est d'avoir à effectuer des actions redondantes. En effet, même si les conflits sont détectés, ils ne sont pas sauvegardés pour des actions ultérieures. Les méthodes pour résoudre ce problème sont appelées *BackChecking* ou *BackMarking*. Le dernier inconvénient est la détection tardive des conflits auxquels il est possible de remédier avec les techniques de vérification de consistance abordées dans les prochaines sections.

3.3.1.3 *Le BackJumping*

Le premier inconvénient du *BackTracking* cité plus haut peut être résolu par le *BackJumping* [Gaschnig, 1979] puisque leur fonctionnement est identique à l'exception dans la phase de retour en arrière. Les deux algorithmes traitent une variable à la fois et cherchent une valeur qui satisfait toutes les contraintes et ne génère aucun conflit. Toutefois, si le *BJ* constate une incohérence, il analyse la situation afin d'identifier la source de cette incohérence. Il utilise les contraintes violées pour déterminer la variable conflictuelle. Si toutes les valeurs du domaine sont explorées, alors le *BJ* fait un retour en arrière vers la variable conflictuelle la plus récente. C'est la principale différence avec le *BT* qui, lui, fait un retour en arrière vers la dernière variable instanciée. Il existe des améliorations au *BJ* comme le *Graph-Based BackJumping* [Dechter, 1990] qui fait un retour en arrière vers la variable la plus récente qui contraint la variable courante.

3.3.1.4 *Le BackMarking*

Le deuxième inconvénient du *BT* est d'effectuer des actions redondantes. Il est possible de résoudre ce problème par deux méthodes appelées respectivement *BackCheking* (*BC*) et *BackMarking* (*BM*). Le *BC* et son descendant le *BM* sont tous deux des algorithmes utilisés pour réduire la compatibilité des tests de cohérence. Si le *BC* trouve, par exemple, qu'une étiquette *Y/b* (affectation de la valeur *b* à la variable *Y*) est incompatible avec une récente étiquette X/a, alors il se rappellera de cette incompatibilité. Ainsi, tant que l'étiquette *X/a* est existante, *Y/b* ne sera plus considéré. Le *BM* [Elliot, 1980] est une amélioration du *BC* qui permet d'éviter certaines vérifications de contraintes redondantes telles que la découverte d'inconsistances redondantes. Il réduit le nombre de contrôles de compatibilité en se souvenant de chaque étiquette incompatible avec les dernières étiquettes. Il empêche également la répétition des vérifications fructueuses qui ont été effectuées auparavant.

3.3.1.5 *Autres techniques de recherche*

Il existe plusieurs autres techniques de parcours d'un espace de recherche. Une bonne description des différentes techniques de recherche en largeur (*Depth-First Search* (*DFS*)) peut être trouvée dans Frost et Dechter [1998]. Le *BJ* introduit par Gaschnig [1979] et amélioré par Ginsberg [1993] a été également appelé le *BT dynamique*. Outre un *DFS* complet, il existe plusieurs techniques incomplètes, tels le *DBS* (*Depth-Bounded Search*) [Cheadle *et al.*, 2003] ou la recherche par crédit [Beldiceanu *et al.*, 1997].

Plus récemment, des techniques de recouvrement d'échec d'une valeur heuristique, appelées méthodes à divergences limitées, sont devenues de plus en plus populaires et utilisées. La première méthode, *Limited Discrepancy Search* (*LDS*), proposée initialement par Harvey [1995] et reprise dans Ginsberg et Harvey [1995], s'appuie sur des heuristiques de parcours de l'arborescence pour assurer l'ordre de prise en considération des variables et celui pour l'instanciation de ces variables. L'*ILDS* (*Improved Limited Discrepancy Search*) [Korf, 1996], qui est une amélioration de *LDS*, évite la redondance dans le parcours de l'arbre. Le *DDS* (*Depth-Bounded Discrepancy Search*) [Walsh, 1997] est également une amélioration du *LDS*, qui consiste à limiter la génération des solutions à une profondeur donnée. Finalement, le *CDS* (*Climbing Discrepancy Search*) est une méthode de recherche locale qui adapte la notion de divergence afin de trouver une bonne solution à des problèmes d'optimisation combinatoire [Milano et Roli, 2002]. Le *CDDS* (*Climbing Depth-Bounded Discrepancy Search*) [Hmida *et al.*, 2007] est une adaptation du *CDS* qui limite la profondeur de génération des solutions comme le *DDS*.

Nous décrivons, dans la prochaine section, les techniques de vérification de consistance qui sont une autre méthode de résolution d'un *CSP*.

3.3.2 Techniques de vérification de consistance

Les techniques de vérification de consistance ont été introduites pour l'amélioration des programmes de reconnaissance d'images [Montanari, 1974; Waltz, 1975]. La reconnaissance d'images consiste à donner des étiquettes à toutes les lignes d'une image de manière consistante. Le nombre possible de combinaisons est très grand et seulement quelques-unes sont consistantes. Les techniques de vérification de consistance sont très efficaces pour faire ressortir les inconsistances très tôt et élaguer par la suite des sous-espaces de recherche. Les techniques de vérification de consistance sont déterministes, à l'inverse des techniques de recherche qui sont non déterministes. Malgré leur capacité à résoudre un *CSP*, il est très rare d'utiliser ces techniques toutes seules. Ces techniques permettent d'effectuer une recherche vers l'avant dans l'arbre.

Dans ce qui suit et pour faciliter la compréhension des notions utilisées, nous supposons un *CSP* binaire. Il est représenté par un graphe, dit graphe de contrainte, où chaque nœud représente une variable à laquelle une valeur est affectée. De même, un arc entre deux nœuds représente une contrainte binaire entre ces deux variables auxquelles deux valeurs sont affectées.

3.3.2.1 *Consistance de nœuds*

La consistance de noeuds (*Node Consistency*) (*NC*) est la plus simple des méthodes de vérification de la consistance [Mackworth, 1977]. Pour comprendre cette technique, la définition suivante est introduite : un nœud, représentant une variable X dans un graphe de contrainte, est consistant si et seulement si, pour toute valeur v dans le domaine D_x de X, chaque contrainte unaire sur X est satisfaite. De même, un *CSP* est à nœuds consistants si et seulement si toutes ses variables sont des nœuds consistants.

Ainsi, les nœuds inconsistants peuvent être éliminés en supprimant les valeurs du domaine des variables qui ne satisfont pas les contraintes unaires sur ces variables respectives.

3.3.2.2 *Consistance d'arcs*

Si le graphe est à arcs consistants (*Arc Consistency*) (*AC*), alors toutes les contraintes unaires peuvent être éliminées puisqu'elles sont toutes satisfaites. Comme nous travaillons avec un *CSP* binaire, il reste donc à vérifier la consistance des contraintes binaires qui sont représentées par les arcs, d'où son appellation. Soit la définition suivante : un arc (V_i, V_j) est un arc consistant si et seulement si, pour toute valeur x dans le domaine de V_i qui satisfasse les contraintes sur V_i, il existe une valeur y du domaine de V_j tel que $V_i=x$ et $V_j=y$ sont permis par la contrainte binaire entre V_i et V_j. Il est à noter que la consistance d'arc est unidirectionnelle. Ainsi, un *CSP* est à arc consistant si et seulement si tous ses arcs dans son graphe de contraintes sont un arc consistant.

Plus clairement, un arc (V_i, V_j) peut devenir arc consistant en éliminant toutes les valeurs du domaine de V_i pour lesquelles il n'existe pas de valeurs correspondantes dans le domaine D_j qui satisfassent la contraintes binaire entre V_i et V_j. Mackworth [1977], Bessière et Régin [2001] et Bessière *et al.* [1999] ont fourni plusieurs variantes d'*AC* qui sont complémentaires.

3.3.2.3 *Directionnal Arc Consistency*

Dans la définition de l'arc consistance, nous avons évoqué l'unidirectionnalité. Le *Directionnal Arc Consistency* (*DAC*) assure une consistance d'ordre directionnelle des variables. Par définition, un *CSP* est à arc directionnel consistant si et seulement si, pour tout arc (V_i, V_j) dans son graphe de contraintes tel que $i < j$, ceux-ci sont arc consistant. Ainsi, le *AC* est plus fort que le *DAC*, un *CSP* à arc consistant également à arc directionnel consistant, mais l'inverse est faux.

Le *DAC* est suffisant pour éliminer un retour en arrière pour la résolution d'un *CSP* en formant des contraintes en arbre. Dans ce cas, il est possible d'ordonner les nœuds (variables) en commençant par la racine et en terminant par les feuilles. Si le graphe (l'arbre dans ce cas) est arc directionnel consistant, en utilisant cet ordre, il est alors possible de trouver une solution en affectant des valeurs aux variables dans le même ordre. Le *DAC* assure que, pour chaque valeur de la racine, il existe une valeur consistante dans un nœud fils. Conséquemment, le retour en arrière est inutile pour trouver une affectation complète et consistante pour des *CSP* à graphes de contraintes en arbre.

3.3.2.4 *Path Consistency*

Étant donné que le *AC* est insuffisant pour éliminer le retour en arrière, l'utilisation d'autres méthodes est fortement recommandée. L'idée du *Path Consistency* (*PC*) est d'étendre la vérification de la consistance d'un arc à deux ou plusieurs arcs et d'éliminer ainsi plus de valeurs inconsistantes [Mackworth, 1977]. Par définition, un chemin (V_0, $V_1, \dots, V_m$) dans le graphe de contraintes d'un *CSP* est chemin consistant si et seulement si, pour toutes les paires de valeurs x dans D_0 et y dans D_m qui satisfassent toutes les contraintes en V_0 et V_m, il existe une affectation pour toutes les variables ($V_1, \dots, V_{m-1}$) telle que toutes les contraintes binaires sur les variables adjacentes V_i et V_{i+1} dans le chemin sont satisfaites. Ainsi, un *CSP* est à chemin consistant si tous ses chemins sont chemins consistants. Analogiquement aux *AC* et *DAC*, il existe également une amélioration à cette technique assurant l'unidirectionnalité avec la technique *DPC* (*Directional Path Consistency*). De même, des techniques comme *RPC* (*Restricted Path Consistency*) [Berlandier, 1995] ou *KC* (*K- Consistency*) [Verfaillie *et al.*, 1999] vérifient la consistance d'un certain nombre de variables pouvant ne pas se trouver sur le même chemin. Ces deux dernières techniques sont plus adaptées pour des problèmes non binaires.

Nous décrivons, dans la prochaine section, les techniques de propagation de contraintes qui sont également une méthode de résolution d'un *CSP*.

3.3.3 Propagation des contraintes

Nous avons présenté, dans les deux sections précédentes, deux techniques différentes pour résoudre un *CSP* : la recherche systématique et les techniques de vérification de consistance. La première technique est développée pour les applications d'ordre général et n'utilise pas les contraintes pour améliorer la procédure de recherche. Contrairement, la deuxième méthode utilise les contraintes pour réduire l'espace de recherche. Mais ni la recherche systématique, ni les techniques de vérification de consistance ne sont suffisamment efficaces pour résoudre complètement un *CSP*. Pour cela, une troisième catégorie de techniques est introduite et incluse dans les techniques de vérification de consistance. Ces techniques sont habituellement appelées des stratégies de recherche en avant (*Look Ahead*) et elles sont fondées sur l'idée de réduire l'espace de recherche par le biais de la propagation des contraintes. Nous décrivons, dans les sous-sections qui suivent, les trois principales techniques de propagation de contraintes.

3.3.3.1 *BackTracking*

Le *BackTracking* (*BT*) accomplit une vérification de consistance et peut être considéré comme une combinaison d'un *GT* et d'une fraction d'*AC*. En effet, le *BT* teste la consistance des arcs en instanciant des variables puisqu'il teste la validité des contraintes dans une affectation partielle. Comme les domaines des variables instanciées ne contiennent qu'une unique valeur, il est ainsi suffisant de vérifier uniquement les contraintes (arcs) contenant la dernière variable instanciée. Si un domaine est alors réduit, la contrainte correspondante est inconsistante et l'algorithme fait un retour en arrière vers une nouvelle instanciation. C'est ainsi qu'une contrainte est propagée.

3.3.3.2 *Forward Checking*

Les algorithmes de types *BT* ou *BJ* permettent d'instancier les variables une à la fois et appliquent le schéma de retour en arrière lorsque la variable courante a un domaine vide. Les décisions sont prises et les impacts sont subis par la suite. Le *Forward Checking* *(FC)*, quant à lui, calcule l'impact d'une instanciation avant même que la décision ne soit prise [Bacchus et Grove, 1995]. Avant d'affecter une valeur v à une variable X_i, l'impact sur les domaines pour toutes les autres variables non encore affectées est vérifié. Si la valeur désirée à affecter à la variable vide le contenu du domaine d'une autre variable, cette valeur est modifiée. Le *FC* effectue donc un filtrage des valeurs de chacune des variables qui sont inconsistantes avec l'instanciation désirée, et supprime ces valeurs. Une diminution des domaines des variables est ainsi obtenue et de nombreuses impasses sont détectées plus tôt qu'avec un algorithme de *BT* conventionnel.

3.3.3.3 *Partial Look Ahead*

Lorsqu'on investit du temps pour réduire l'espace de recherche, le parcours complet de l'espace de recherche s'effectue plus rapidement. Le *FC* ne vérifie que les contraintes entre les variables courantes et les variables futures. Il est possible d'étendre cette vérification de consistance vers d'autres variables qui n'ont aucun lien avec les variables déjà instanciées, et ce en utilisant le *DAC*. Ce type de méthode est appelé *DAC-Look Ahead* ou encore *Partial Look Ahead* (*PLA*) [Frost et Dechter, 1995]. Le *PLA* vérifie plus de contraintes que le *FC* et peut ainsi trouver plus d'inconsistances. Le *PLA* peut être amélioré en vérifiant les deux directions à la fois par la technique de *MAC* (*Maintaining Arc Consistency* ou *Full Look Ahead*) [Lynce et Marques-Silva, 2002].

Nous présentons, dans la prochaine section, certaines améliorations possibles pour la résolution d'un *CSP*.

3.3.4 Amélioration de la recherche

Nous avons présenté, dans les sections précédentes, quelques algorithmes de recherche pour résoudre des *CSP*. Pendant leur fonctionnement, l'ordre dans lequel le choix des variables et des valeurs est fait lors de la phase d'assignation ou lors de la phase de retour en arrière s'avère très important. En effet, Bessière *et al.* [1999] ont montré que cet ordre représente l'un des facteurs essentiels au bon fonctionnement d'un algorithme de recherche. Si, par exemple, lors de la phase d'affectation, la bonne valeur est assignée à chaque variable, alors il est possible d'éviter la phase de retour en arrière. Il est évident que ce dernier cas est utopique, mais un bon choix de valeurs permet de réduire considérablement le nombre de retours en arrière. De même, cela permet de réduire considérablement l'espace de recherche dans les algorithmes de type *PLA* [Bessière *et al.*, 1999]. C'est pour cette raison que des méthodes d'ordonnancement de variables ont été élaborées. En utilisant certaines heuristiques, ces dernières permettent de déterminer la prochaine variable à considérer. Ces mêmes méthodes peuvent également être utilisées pour déterminer l'ordre des valeurs des domaines à affecter aux variables.

Plusieurs expérimentations et recherches ont montré que l'ordonnancement des variables a un impact subséquent sur la complexité du retour en arrière [Freuder, 1982; Dechter et Meiri, 1994; Freuder *et al.*, 1995; Frost et Dechter, 1998; Dechter et Frost, 2002]. L'ordonnancement des variables peut être statique ou dynamique. Un ordonnancement statique est un ordonnancement où l'ordre des variables ne change pas au cours de l'exécution de l'algorithme de recherche. Cet ordre est fixé avant le début de l'algorithme et prend en considération la structure du graphe de contraintes qui ne change pas. Les heuristiques traitant ce genre d'ordonnancement sont appelées méthodes d'ordonnancement de variables statiques (*Statique Variables Ordering* (*SVO*)). Parmi les *SVO*, nous pouvons citer *Minwidth* [Freuder, 1982], qui choisit un ordre minimisant la largeur du graphe ou *Maxdeg* [Dechter et Meiri, 1994] qui ordonne les variables selon la taille de leur voisinage. Par opposition au *SVO*, les méthodes d'ordonnancement de variables dynamiques (*Dynamic Variables Ordering (DVO)*) ordonnent les variables à la volée au cours de l'exécution de l'algorithme, et ce dépendamment de l'état courant de la résolution du problème. Le *dom* [Haralick et Elliott, 1980] est un exemple de *DVO*. Pour U, l'ensemble des variables non affectées, la variable $X_i \in U$ tel que le domaine de X_i est le plus petit de tous les domaines de U, est choisie. L'ordre d'affectation des variables est donc modifié en fonction des variables déjà affectées. Ce type d'heuristique ne peut être appliqué à tous les algorithmes de recherche. En effet, pour un simple *BT*, nous n'avons pas d'informations supplémentaires permettant d'accomplir cet ordonnancement dynamiquement. En revanche, dans un *PLA*, l'état courant de la résolution du problème inclut les domaines des différentes variables. Il est alors possible d'appliquer de telles heuristiques. Il existe une troisième catégorie d'ordonnancement de variables qui hybride les *SVO* et les *DVO*. En effet, Frost et Dechter [1995] ont introduit *dom+deg*. *dom* est utilisé pour la sélection prioritaire tandis que *maxdeg* brise les égalités. Une autre heuristique est le *Dom + Futdeg* [Frost et Dechter, 1995] qui brise les égalités en sélectionnant la variable ayant le plus grand degré futur. D'autres heuristiques de type *DVO* peuvent être utilisées. Ce sont des heuristiques sélectionnant les variables selon la dureté des contraintes associées à celles-ci. Dans ce contexte, Smith [1996] a introduit deux heuristiques : *Succeed-First* et *Fail-First*. Elles ont été expérimentées sur le problème d'ordonnancement de voitures dans une chaîne de production. Ce genre d'heuristique ordonne également les valeurs à affecter aux variables. Le *Fail-First* consiste à choisir la variable restreignant le plus possible les domaines des autres variables, alors que le *Succeed-First* consiste à choisir la variable restreignant le moins possible les domaines des autres variables. Cependant, Bessière *et al.* [2001] ont montré que ce genre d'heuristiques est très gourmand en tests de contraintes lors de la vérification de la dureté des contraintes. De même, aucune de ces heuristiques n'a montré de comportement meilleur pour tout *CSP* [Bessière *et al.*, 2001]. L'heuristique à utiliser lors de la résolution d'un *CSP* est donc grandement dépendante du problème à résoudre.

Nous avons décrit, dans les sections précédentes, les trois principales catégories de techniques pour résoudre un *CSP* : la recherche systématique, la vérification de consistance et la propagation de contraintes. Pour améliorer la résolution d'un *CSP*, il est préférable de combiner les trois techniques. Plusieurs des algorithmes relatifs à ces techniques ont vu des améliorations et des adaptations mises au point suivant le problème étudié. D'autres techniques peuvent également être utilisées afin d'améliorer le processus de recherche comme l'ordonnancement des variables en un ordre statique ou dynamique, le *MACE* (*MAC Extended*) [Lynce et Marques-Silva, 2002] ou encore l'optimisation par l'intermédiaire d'un *Branch & Bound*.

Nous explorons, dans la section suivante, l'adaptation de la programmation par contraintes aux problèmes d'ordonnancement.

3.4 L'ordonnancement basé sur les contraintes

3.4.1 Optimisation versus programmation par contraintes

La programmation par contraintes (*PC*) est l'une des approches de résolution de problèmes basée sur l'inférence logique. Comparée à l'optimisation, la *PC* est un domaine très récent qui a été développé autant en informatique qu'en intelligence artificielle. Elle permet entre autres d'utiliser la logique au sein de l'optimisation. Le lien entre la logique et l'optimisation est fondamental. En effet, l'optimisation repose sur deux principales tâches : trouver une solution faisable et démontrer son optimalité. Si la première est un problème de recherche, la deuxième représente un problème d'inférence logique. Bien que l'optimisation utilise l'inférence logique, elle est connue généralement sous d'autres noms tels que la coupe de plans dans la programmation en nombres entiers. Ainsi, la logique introduit des méthodes de déduction logique qui permettent de résoudre les problèmes d'optimisation. Il ne s'agit pas de les remplacer, mais d'y inclure lesdites méthodes.

Contrairement à l'optimisation, qui recherche une solution qui minimise ou maximise une fonction objectif, la *PC* recherche tout d'abord une solution réalisable pour un ensemble de contraintes données. De même, la *PC* se base davantage que l'optimisation sur l'inférence pour son fonctionnement. Dans le cas de la *PC*, l'inférence est utilisée pour réduire l'espace de recherche en utilisant la réduction des domaines et la propagation des contraintes. Dans l'optimisation, elle est utilisée pour créer de meilleures relaxations qui accélèrent la recherche de solutions. L'évaluation d'une fonction objectif mesure le coût ou le profit engendré par plusieurs variables représentant plusieurs activités encourant un coût ou contribuant au profit. Cela va à l'encontre de la stratégie de résolution des méthodes de *PC*, où les variables ne sont pas évaluées mais où leurs domaines respectifs sont réduits par propagation des contraintes. Le domaine d'une variable est l'ensemble des valeurs qu'elle peut prendre. La réduction des domaines utilise les restrictions du domaine d'une variable comme étant une contrainte pour déduire les domaines des autres variables. Si la contrainte ne contient pas plusieurs variables, cela peut réduire significativement les domaines. Ainsi, les petits domaines sont transmis aux autres contraintes, qui sont à leur tour réduits pour implémenter une forme de propagation de contraintes. Une combinaison de recherche et de propagation de contraintes peut éventuellement réduire le domaine de chaque variable à une valeur unique qui représente alors une solution réalisable. Mais, si une contrainte contient une fonction de coût ou de profit outre ses variables, alors la réduction de domaines devient inefficace. La communauté d'optimisation a tout d'abord esquivé cette impasse par l'énumération implicite et, par la suite, par différentes techniques de relaxation.

Il est bien évident que l'écart entre la *PC* et l'optimisation tend à diminuer de plus en plus et qu'une technique peut en intégrer une autre [Baptiste *et al.*, 2001; Yunes *et al.*, 2010]. C'est ce que nous explorons dans la prochaine section en adaptant la *PC* aux problèmes d'ordonnancement.

3.4.2 Modélisation des problèmes d'ordonnancement

S'appuyant sur les représentations et les techniques de la *PC* présentées dans les sections précédentes, divers types de variables et de contraintes ont été développés spécifiquement pour les problèmes d'ordonnancement. En effet, le domaine des variables peut inclure des domaines d'intervalles où chaque valeur représente un intervalle (durée ou début par exemple) et des variables ressources pour plusieurs classes de ressources. De même, diverses techniques de recherche et de propagation de contraintes ont été adaptées pour ce genre de problème. Nous verrons, dans les sous-sections qui suivent, les différents composants pour modéliser un problème d'ordonnancement basé sur les contraintes.

3.4.2.1 *Les activités*

En ordonnancement basé sur les contraintes, l'élément de base est l'activité. Une activité représente le travail élémentaire à accomplir. Pour toute activité A, trois variables sont introduites : $start(A_i)$, $end(A_i)$ et $proc(A_i)$ qui représentent respectivement la date de début, la date de fin et le temps d'exécution de l'activité A_i. Si r_i représente la date de disponibilité et d_i la date due de l'activité A_i, alors A_i doit être exécutée dans l'intervalle $[r_i, d_i]$. Ainsi, respectivement, les domaines initiaux de $start(A_i)$ et $end(A_i)$ sont $[r_i, lst_i]$ et $[eet_i, d_i]$ où lst_i représente le temps de début au plus tard et eet_i représente la date de fin au plus tôt. Le temps d'exécution d'une activité est défini par la différence entre la date de fin et la date de début de l'activité : $proc(A_i) = start(A_i) - end(A_i)$. p_i représente la plus petite valeur du domaine de $proc(A_i)$. Avec cet ensemble de domaines et de variables, il est donc possible d'encoder un problème d'ordonnancement non préemptif en un *CSP*.

3.4.2.2 *Contraintes temporelles*

Les contraintes temporelles entre les activités peuvent être exprimées par des contraintes linéaires entre les dates de début et de fin des variables d'activités. Par exemple, une contrainte de précédence entre deux activités A_i et A_j peut être exprimée par $end(A_i) < start(A_j)$. Ce genre de contraintes peut facilement être propagé en utilisant un algorithme classique *d'Arc-B-Consistency*, qui est un type particulier d'*AC* [Lhomme, 1993]. De plus, une variante de l'algorithme de Ford proposé par Cesta et Oddi [1996] peut être utilisée pour détecter les inconsistances entre de telles contraintes en un temps polynomial du nombre de contraintes, et ce indépendamment de la taille des domaines. Ainsi, ces contraintes temporelles forment d'autres contraintes applicables aux activités.

3.4.2.3 *Contraintes sur les ressources*

Une ressource représente une machine dans le contexte de l'ordonnancement classique. Les contraintes sur les ressources représentent la quantité des ressources utilisées par les activités pendant leur exécution. Soient une activité A_i et une ressource R de capacité $cap(R)$ et soit $cap(A_i, R)$, la variable qui représente la quantité de ressource R demandée par A_i. Pour représenter un ordonnancement, nous avons également besoin d'une variable $cap(A_i, t, R)$ qui représente la quantité de ressource R demandée par A_i à une date t. Les contraintes sur les ressources définissent et contraignent les ressources disponibles en limitant le nombre de ressources utilisées. Les ressources peuvent également être renouvelables ou consommables, de même qu'elles peuvent être unaires ou n-aires [Pape et Baptiste, 1999].

3.4.2.4 *Extensions de la modélisation*

Il existe plusieurs extensions au modèle présenté dans Pape et Baptiste [1999], mais nous n'en traitons que deux dans cette section à titre d'exemples. Dans ce que nous avons décrit plus haut, une activité nécessitant une ressource doit attendre qu'elle se libère pour s'y exécuter. Dans l'ordonnancement basé sur les contraintes, il est possible de définir des ressources alternatives : si une activité A_i peut être exécutée sur un ensemble S de ressources, alors l'ensemble S est nommé ensemble de ressources alternatives. La deuxième extension englobe les temps et les coûts de réglage appelés temps et coûts de transition en ordonnancement basé sur les contraintes. Un temps de réglage (temps de transition) entre deux activités A_1 et A_2 est défini par le temps *setup(A_1, A_2)* qui doit s'écouler entre la date de fin de A_1 et de début de A_2. Il en est de même pour les coûts de transition. Il est possible d'avoir à minimiser, dans certains cas, la somme des coûts ou des temps de transition à titre de fonction objectif.

3.4.2.5 *Fonction objectif*

En optimisation, à tout problème d'ordonnancement est associée une fonction objectif. Afin de la modéliser en ordonnancement basé sur les contraintes, il suffit d'ajouter au modèle une variable *obj*. Une contrainte est ensuite ajoutée pour contraindre cette variable à être égale à la fonction objectif. Plusieurs stratégies peuvent être utilisées pour minimiser la valeur de *obj*. Ainsi, il est possible d'itérer sur les valeurs possibles comprises dans son domaine, et ce en ordre ascendant depuis une borne inférieure ou en ordre descendant depuis une borne supérieure. Il est également possible d'utiliser une recherche dichotomique dans son domaine.

Quand la fonction objectif revient à optimiser le temps de fin de la dernière activité C_{max} ou le retard maximal T_{max}, la modélisation et la résolution de ce type de problème ne sont pas difficiles. La situation devient plus complexe pour des objectifs tels que la somme (pondérée) des temps de fin des activités $\sum(w_i)C_i$, le retard (pondéré) total $\sum(w_i)T_i$ ou encore le nombre (pondéré) d'activités en retard $\sum(w_i)U_i$. En effet, pour ce type d'objectifs, la résolution devient plus difficile, mais il faut en plus adapter les techniques de propagation de contraintes [Pape et Baptiste, 1999].

3.4.2.6 *Techniques de propagation spécifiques*

Plusieurs techniques de propagation de contraintes spécifiques à l'ordonnancement basé sur les contraintes ont été développées, et la plupart concernent les ressources et les intervalles des activités. La première technique, l'affectation des ressources [Pape, 1994], consiste à construire un ordonnancement des activités sur les ressources en diminuant chaque fois la capacité des ressources. Il suffit ainsi de gérer une structure de données comportant la disponibilité et l'utilisation des ressources à une date t quelconque. Une autre technique, *Edge Finding* [Nuitjen et Aarts, 1996], se décompose en deux phases : une phase de branchement où les activités souhaitant s'exécuter sur la même ressource sont ordonnées, et une phase de séparation où l'ensemble des activités qui ne peuvent pas être exécutées en premier ou en dernier est déduit. Une troisième technique, les contraintes disjonctives [Baptiste et LePape, 1995], assure qu'une ressource unaire ne peut exécuter deux activités au même moment. D'autres techniques peuvent être trouvées dans Nuijten et Pape [1998].

Dans cette section, l'ordonnancement basé sur les contraintes a été exploré. Une comparaison entre un *CSP* et un problème d'optimisation combinatoire a été présentée et les différents composants pour modéliser un problème d'ordonnancement en un *CSP* ont été décrits. Nous avons ainsi établi que les activités et les ressources sont au cœur de cette modélisation et qu'il est possible de créer des contraintes temporelles sur les ressources. De même, nous avons établi qu'il existe des techniques de propagation de contraintes spécifiques à l'ordonnancement basé sur les contraintes et dépendantes également de la fonction objectif étudiée.

3.5 Conclusion

Dans ce chapitre, le fonctionnement général des deux approches de résolution qui seront utilisées dans ce travail de recherche a été présenté. Nous avons ainsi décrit les différentes composantes d'un algorithme génétique de même que son fonctionnement en détaillant les différents opérateurs utilisés. L'intérêt des algorithmes génétiques est de produire des solutions diversifiées. Afin de les appliquer à un problème particulier, il est nécessaire de définir convenablement la fonction d'évaluation et la représentation des individus. Ces algorithmes nécessitent également la définition d'opérateurs, aussi bien de mutation que de croisement, en adéquation avec le problème. Ainsi, l'adaptation des opérateurs génétiques au problème traité augmente la robustesse et la performance de l'algorithme.

Par la suite, les trois principales catégories de techniques pour résoudre un problème de satisfaction de contraintes ont été présentées : la recherche systématique, la vérification de consistance et la propagation de contraintes. Cette dernière s'avère une technique efficace pour anticiper les inconsistances et les conflits dans les cas du *Forward Checking* et du *Partial Look Ahead* et réduire ainsi l'espace de solution. Chacune de ces techniques possède ses avantages lors de la résolution d'un problème quelconque. Cependant, pour améliorer la résolution d'un *CSP*, il est préférable de combiner les trois techniques. Dans la dernière partie du chapitre, nous avons exploré l'ordonnancement basé sur les contraintes. Une comparaison entre un *CSP* et un problème d'optimisation combinatoire a tout d'abord été réalisée. Par la suite, les différents composants pour modéliser un problème d'ordonnancement en un *CSP* ont été présentés. On a pu constater que les activités et les ressources sont au cœur de cette modélisation et qu'il est possible de créer des contraintes temporelles entre les activités et également par rapport aux ressources. Nous avons pu remarquer, en utilisant l'ordonnancement basé sur les contraintes, qu'il est nécessaire d'adapter les techniques de propagation de contraintes au problème étudié ainsi qu'à la fonction objectif.

Nous utilisons dans le chapitre suivant les algorithmes génétiques pour résoudre le problème *MURDS* décrit à la Section 2.4.1. Ce chapitre introduit un nouvel opérateur de croisement qui représente la première contribution de cette thèse. Le Chapitre 5 décrit la formulation et la résolution de ce même problème avec la programmation par contraintes et, plus particulièrement, avec l'ordonnancement basé sur les contraintes. Cette formulation ainsi que la résolution représentent la deuxième contribution de ce travail de recherche.

CHAPITRE 4

RÉSOLUTION DU PROBLÈME *MURDS* AVEC UN

ALGORITHME GÉNÉTIQUE

4.1 Introduction

Dans ce chapitre, nous traitons de la mise en œuvre d'un algorithme génétique pour le problème d'une machine unique avec temps de réglages dépendants de la séquence avec l'objectif de minimiser le retard total. Nous introduisons un nouvel opérateur de croisement, *RMPX*, qui se veut adapté spécifiquement au problème *MURDS*. Nous procédons tout d'abord, par une description des différents opérateurs et paramètres utilisés pour l'implémentation de l'algorithme génétique. Les résultats expérimentaux sont détaillés à la suite.

4.2 Algorithme génétique pour le problème *MURDS*

Dans section, nous présentons les différents composants de l'implémentation de l'algorithme génétique pour résoudre le problème *MURDS*.

4.2.1 Représentation pour le problème *MURDS*

Une solution au problème *MURDS* est représentée par une séquence de n travaux. Dans ce contexte, l'ensemble des solutions réalisables au problème correspond aux $n!$ arrangements possibles. Ainsi, un individu (un chromosome) est représenté par une séquence composée des n travaux. Il est évident qu'un travail j quelconque ne peut se trouver plus d'une fois dans la séquence et qu'il doit s'y trouver au moins une fois. Conséquemment, si nous avons 5 travaux à ordonnancer, un chromosome est formé par une suite de numéros de travaux allant de 1 à 5 tel que présenté à la Figure 4-1. Le travail 1 se réalisera en première position, le travail 4 en deuxième position et ainsi de suite.

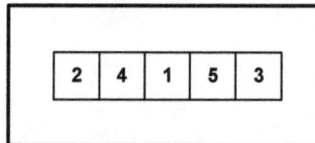

Figure 4-1: Exemple de chromosome à 5 travaux

4.2.2 Fonction d'évaluation pour le problème *MURDS*

La fonction objectif utilisée dans ce travail de recherche vise à minimiser le retard total de l'ensemble des travaux et est calculée par $\sum_{j=1}^{n} T_{q_j}$ où n représente le nombre de travaux et q_j la position du $j^{\grave{e}me}$ travail dans la séquence considérée. Cette fonction objectif a été décrite précédemment à la Section 2.4.1 et représente la fonction d'évaluation de l'algorithme génétique.

4.2.3 Population initiale pour le problème *MURDS*

Comme nous l'avons décrit à la Section 3.2.3, le choix de la population initiale peut s'avérer crucial pour le bon déroulement de l'*AG*. Pour traiter le problème $1\,|\,s_{ij}\,|\,\sum T_j$, la population initiale de l'*AG* est générée en utilisant trois méthodes différentes. La première méthode (*HA*) consiste à générer 60 % des individus de la population initiale d'une manière aléatoire. Uniformément, les travaux sont placés un par un pour construire un ordonnancement complet. Elle permet de fournir des chromosomes bien répartis dans l'espace de recherche. La deuxième méthode (*HI*) utilise un des éléments principaux du problème, les temps de réglages, pour générer 20 % des individus de la population initiale. Le premier travail de la séquence à placer est choisi aléatoirement comme illustré à l'Algorithme 4-1. Ensuite, dans 80 % des cas, le travail suivant est celui qui a le plus petit temps de réglages s_{ij} alors que, dans l'autre 20 % des cas, il est choisi aléatoirement. Comme nous l'avons décrit à la Section 2.4.1, les temps de réglages se rapportent à l'ordre relatif. De ce fait, en favorisant les plus petits temps de réglage, *HI* permet de construire des séquences privilégiant l'ordre relatif. La troisième méthode (*H2*) consiste à générer les 20 % restants des individus de la population initiale en privilégiant les dates dues. Le premier travail de la séquence est également choisi aléatoirement pour cette méthode. Dans 80 % des cas, le travail suivant à placer est celui qui a la plus petite date due d_j alors que, dans l'autre 20% des cas, il est choisi aléatoirement comme illustré à l'Algorithme 4-2. En privilégiant les dates dues, *H2* permet ainsi de construire des séquences favorisant un ordre absolu.

71

```
L                       /*Séquence à construire*/
Q = N                   /*{} des travaux à placer*/
mS = MAXSETUP           /*Temps de réglage retenu*/
jₚ                      /*Travail à placer*/
ps = 0.2                /*Seuil déterministe */
Choisir aléatoirement le premier travail jₚ
Placer jₚ dans L et l'enlever de la liste Q
TANT QUE Q!= ∅ Faire
        Tirer aléatoirement un réel a ∈ [0,1]
        SI a > ps ALORS
              ∀jᵢ ∈ Q
                  SI s_{jₚjᵢ} ≤ mS    ALORS
                     jₚ = jᵢ
                     mS = s_{jₚjᵢ}
        SINON
                  Choisir aléatoirement jₚ
        FIN SI
        mS = MAXSETUP
        Placer jₚ dans L et l'enlever de la liste Q
FIN TANT QUE
```

Algorithme 4-1 : Heuristique de construction H1

```
L                       /*Séquence à construire*/
Q = N                   /*{} des travaux à placer*/
mD = MAXDATEDUE         /*Date due retenue*/
jₚ                      /*Travail à placer*/
ps = 0.2                /*Seuil déterministe */
Choisir aléatoirement le premier travail jₚ
Placer jₚ dans L et l'enlever de la liste Q
TANT QUE Q!= ∅ Faire
        Tirer aléatoirement un réel a ∈ [0,1]
        SI a > ps ALORS
              ∀jᵢ ∈ Q
                  SI d_{jₚ} ≤ mD    ALORS
                     jₚ = jᵢ
                     mD = d_{jₚ}
        SINON
                  Choisir aléatoirement jₚ
        FIN SI
        mD = MAXDATEDUE
        Placer jₚ dans L et l'enlever de la liste Q
FIN TANT QUE
```

Algorithme 4-2 : Heuristique de construction H1

4.2.4 Opérateur de sélection pour le problème *MURDS*

Pour ajouter de la diversité à l'algorithme génétique, nous utilisons une sélection par tournoi entre deux chromosomes. Le choix de l'opérateur de sélection a été fait après plusieurs tests expérimentaux. Les deux chromosomes sont tirés aléatoirement et le chromosome retenu est celui qui a la meilleure évaluation.

4.2.5 Opérateur de croisement pour le problème *MURDS*

Étant donné le problème traité, l'opérateur de croisement doit à la fois assurer la préservation de l'ordre relatif et de l'ordre absolu des positions tout en assurant une diversification. L'ordre relatif spécifie si un travail vient avant ou après un autre dans la séquence et s'applique aux travaux adjacents et non adjacents. Débutons par décrire les principales catégories d'opérateurs pouvant répondre à certaines des caractéristiques du problème : les opérateurs de croisement basés sur la position, les opérateurs de croisement basés sur l'ordre et ceux basés sur les arcs d'adjacence [Valenzuela, 2001].

Les opérateurs de croisement basés sur la position, génère des enfants qui conservent les positions absolues. Les opérateurs *CX* [Oliver *et al.*, 1987], *PMX* [Goldberg et Lingle, 1985] et *PBX* [Gen et Cheng, 2000] sont de telle nature. Parmi les opérateurs basés sur l'ordre, nous retrouvons *UOBX* [Davis, 1991], *MPX* [Mühlenbein *et al.*, 1988; Mülhenbein et Paaß, 1996], *OX* [Davis, 1991] et *OBX* [Syswerda, 1991] qui génèrent des enfants qui conservent leurs positions relatives. Pour les opérateurs basés sur les arcs d'adjacence, *ERX* [Whitley *et al.*, 1989] génère des enfants qui conservent les informations d'adjacence qui représentent une sorte d'ordre relatif.

Kellegöz *et al.* [2008] ont comparé différents opérateurs de croisement pour le problème $1 \| \sum w_j T_j$ et ils ont montré que *OBX* et *PBX* donnaient les meilleurs résultats. Toutefois, à notre connaissance, il n'existe aucune étude sur les opérateurs de croisement pour le problème $1 | s_{ij} | \sum T_j$. Toujours à notre connaissance, il n'existe que 3 *AGs* traitant $1 | s_{ij} | \sum T_j$ avec les jeux d'essais utilisés dans ce travail. França *et al.* [2001] ont élaboré leur algorithme génétique en utilisant l'opérateur *OX* alors que Rubin et Ragatz [1995] utilisent un opérateur particulier qui génère 8 enfants tout en conservant le meilleur. Lors de la génération des 8 enfants, les auteurs alternent, distinctement par enfant, la conservation de l'ordre absolue et de l'ordre relatif en générant des sous-séquences aléatoires de travaux. De leur côté, Armentano et Mazzini [2000] ont modifié l'opérateur *ERX* sans toutefois obtenir des résultats très performants. A priori, il n'existe pas d'autres *AG*s qui traitent le problème $1 | s_{ij} | \sum T_j$.

França *et al.* [2001] ont montré que l'opérateur utilisé par Rubin et Ragatz [1995] n'avait aucune incidence sur les résultats de son algorithme génétique et que *OX* donnait de meilleurs résultats. En effet, selon Fox et McMahon [1991], *OX* crée des enfants qui préservent l'ordre absolu pour les positions de la sous-séquence issue du premier parent ainsi qu'un ordre relatif pour le reste de la séquence issue du deuxième parent. Nous reprenons ci-dessous la Figure 3-3 pour illustrer le fonctionnement de *OX*.

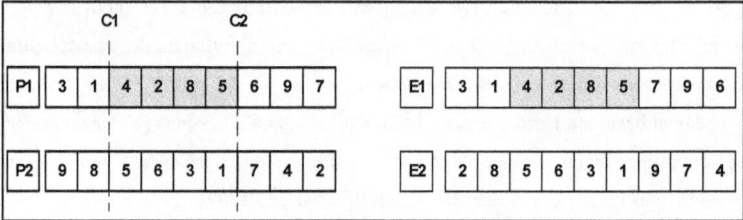

Figure 4-2: Illustration du fonctionnement *OX*

La sous-séquence issue de *P1*, appelée *section de croisement* (*crossover-section*), conserve l'ordre absolu. En effet, la sous-séquence [4-2-8-5] issue de *P1* conserve les mêmes positions dans *E1*. Les éléments issus de *P2*, appelés *bloc de remplissage* (*filler block*), conservent partiellement l'ordre relatif. En effet, ces éléments sont ordonnés en deux sous-séquences dans l'ordre d'apparition dans *P2*. Ainsi, nous pouvons remarquer que l'élément 9, qui représente dans notre cas le neuvième travail, vient avant 6 et de même, 3 avant 1. Cependant, 3 et 1 apparaissent avant 9 et 6, ce qui n'est pas le cas dans *P2*.

En utilisant *OX* au sein de leurs algorithmes génétiques, França *et al.* [2001] et Rubin et Ragatz [1995] n'ont pu obtenir de bons résultats. En effet, même s'ils ont eu recours à une procédure d'amélioration locale, leurs résultats restent toutefois bien inférieurs aux meilleurs résultats de la littérature. Ceci amène à penser que, malgré la conservation des positions absolues et relatives, ni l'opérateur de croisement de Rubin et Ragatz [1995], ni *OX* ne sont totalement adaptés au problème étudié dans cette recherche.

Afin d'améliorer le processus de reproduction et remédier aux carences des opérateurs de croisement *OX* et à celui de Rubin et Ragatz [1995], l'opérateur proposé cherchera à assurer davantage la conservation de l'ordre relatif. En effet, *OX* ne conserve pas l'ordre relatif pour *le bloc de remplissage*. L'opérateur proposé conservera donc l'ordre relatif pour ce bloc. De même, *OX* n'assure pas une diversité pour la *section de croisement* puisqu'elle est toujours recopiée au même endroit. En revanche, si cette section est déplacée vers l'avant ou vers l'arrière, elle créera alors de la diversité. L'opérateur proposé, noté *RMPX* (*Random Maximal Preservative Crossover*), intégrera ce mécanisme.

Pour expliquer le fonctionnement de cet opérateur, reprenons les deux parents *P1* et *P2* présentés à la Figure 4-2. Tout d'abord, deux points de coupures distincts (*C1* et *C2*) sont choisis aléatoirement. Ensuite, un point d'insertion point_insertion est tiré aléatoirement dans l'enfant *E* tel que : point_insertion = aléa (Taille_Chromosome - (C2 - C1)) et où aléa(x) est une fonction aléatoire uniforme qui retourne un entier compris dans l'intervalle [0, x-1]. Ainsi, une position d'insertion aléatoire de la *section de croisement* est générée de manière à ce que cette section ne soit pas brisée. Puis, la tranche [*C1,C2*] de *P1*, en trame en gris à la Figure 4-3, est insérée dans l'enfant *E* à partir de point_insertion. Supposons que l'insertion débute à partir de la position 4 (en partant de 1), la portion de solution de la Figure 4-3 est alors obtenue.

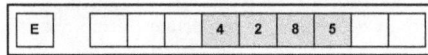

Figure 4-3: Exemple de portion de solution avec *RMPX*

Enfin, le reste de l'enfant *E* est complété à partir de *P2* dans l'ordre d'apparition de *P2* depuis sa première position et non depuis *C2* comme c'est le cas dans *OX*. La solution finale présentée à la Figure 4-4 est alors obtenue. Pour générer le deuxième enfant, il suffit d'inverser le rôle des deux parents *P1* et *P2* et reprendre le même processus.

| E | | 9 | 7 | 3 | 4 | 2 | 8 | 5 | 1 | 6 |

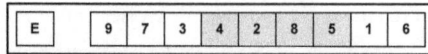

Figure 4-4: Exemple de solution finale avec *RMPX*

Comme nous pouvons le constater, l'opérateur *RMPX* conserve l'ordre relatif. Il conserve également, mais dans une moindre importance, l'ordre absolu. En effet, dans l'exemple ci-dessus, l'ordre relatif est conservé pour la *section de croisement* : le bloc [4-2-8-5] est décalé, mais il conserve son ordre d'apparition. Il en est de même pour le *bloc de remplissage* [9-7-3-1-6] puisque l'enfant est complété dans l'ordre d'apparition du deuxième parent. De même, l'élément 9, dans notre exemple, conserve sa position absolue. D'un autre côté et dépendamment des éléments composant la *section de croisement*, il est possible qu'il y ait plus d'éléments conservant l'ordre absolu. En effet, si nous avions, dans la *section de croisement,* l'élément 6 à la place de 2, alors ce dernier conserverait également sa position absolue. De même, si le point d'insertion était égal au premier point de coupure *C1*, alors toute la *section de croisement* conserverait son ordre absolu. Ainsi, *RMPX* assure l'ordre relatif pour la *section de croisement* et le *bloc de remplissage* alors que *OX* ne l'assure pas pour ce dernier. Il assure également un minimum d'ordre absolu pour le *bloc de remplissage* et aléatoirement pour la *section de croisement*. Cependant, *RMPX* offre plus de diversité par rapport à *OX* dans le cas où la *section de croisement* est insérée ailleurs qu'à partir de *C1*. En effet, toute la section peut être soit décalée à gauche permettant à ce groupe de travaux de démarrer plus tôt ou décalée à droite retardant alors le début d'exécution de ce groupe de travaux. Cela implique également que les autres travaux sont placés plus en avant de la séquence ou plus en arrière. Cette diversité, tout en respectant l'ordre relatif respectif pour la *section de croisement* et le *bloc de remplissage*, permet de visiter d'autres régions de l'espace de recherche.

Le fonctionnement de *RMPX* peut être comparé à celui de *MPX* [Mühlenbein *et al.*, 1988; Mülhenbein et Paaß, 1996] qui a été conçu pour le problème du voyageur de commerce, mais très peu utilisé pour les problèmes d'ordonnancement pour l'insuffisance de ses résultats [Boomsma, 2004]. Cependant, dans ce dernier, le point d'insertion dans l'enfant est toujours la première position. De même, la taille de la *section de croisement* doit être supérieure à 10 et inférieure à $n/2$ où n est le nombre de travaux traités. Après un certain nombre de générations, *MPX* a tendance à reproduire des enfants très similaires et ainsi converger prématurément. Pour résoudre ce problème, Mühlenbein *et al.* [1988] ont augmenté jusqu'à 50 %, dans certains cas, la probabilité de mutation. Cet opérateur de croisement assure également la conservation de l'ordre relatif respectif pour la *section de croisement* et le *bloc de remplissage*. Cependant, il conserve rarement l'ordre absolu [Fox et McMahon, 1991]. De plus, le processus consistant à ramener la *section de croisement* au début de l'enfant à chaque croisement ne fait qu'avancer cette section au début de l'enfant. Ainsi, l'exploration de l'espace de recherche est moindre et l'ergodicité est affaiblie.

D'un autre côté, pour assurer la conservation de l'ordre absolu, l'AG proposé utilisera également l'opérateur de croisement *OX*. Par conséquent, nous avons fixé, après expérimentations, à 70 % les chances qu'un enfant soit généré avec *RMPX* et à 30 % des chances qu'il soit généré avec *OX*. Il faut noter que les deux enfants sont générés avec le même opérateur tel que présenté dans la première partie de l'Algorithme 4-3. Suite à plusieurs expérimentations, la probabilité de croisement *pc* est fixée à 0.8. Ainsi, la taille de la population enfant *Te* est égale à *0.8 * Tp* où *Tp* est la taille de la population parent qui est égale au nombre de travaux du problème. Dans l'Algorithme 4-3, la probabilité *po* représente la probabilité du choix de l'opérateur de croisement à appliquer.

4.2.1 Opérateur de mutation pour le problème *MURDS*

C'est avec une probabilité *pm* fixée à 0.3 que la mutation est appliquée dans l'algorithme génétique. Ainsi, tout enfant généré lors de la phase de croisement a 30 % de chance d'être muté comme indiqué à l'Algorithme 4-3. Le choix de cette probabilité a été fait après plusieurs tests expérimentaux. La mutation est basée sur l'échange des positions respectives de deux travaux distincts choisis aléatoirement. Cet opérateur de mutation permet de fournir un minimum de diversité sans pour autant modifier l'ordre absolu des travaux dans la séquence.

```
P1, P2        /*Parents retournés par la phase de sélection*/
E1, E2        /*Enfants à générer*/
pc = 0.8      /*probabilité de croisement*/
pm = 0.3      /*probabilité de mutation*/
po = 0.3      /*probabilité de choix de l'opérateur*/
Te = Tp*pc    /*Taille population enfant*/
POUR i: 1..Te FAIRE
      /*CROISEMENT*/
      Tirer aléatoirement un réel a∈[0,1]
      SI a > po ALORS
            E1 = RMPX(P1,P2)
            E2 = RMPX(P2,P1)
      SINON
            E1 = OX(P1,P2)
            E2 = OX(P2,P1)
      FIN SI
      /*FIN CROISEMENT*/
      /*MUATTION*/
      Tirer aléatoirement un réel a∈[0,1]
      SI a < pm ALORS
            E1 = MUTATION(E1)
      Tirer aléatoirement un réel a∈[0,1]
      SI a < pm ALORS
            E2 = MUTATION(E2)
      /*FIN MUATTION*/
      Incorporer E1 et E2 dans la population enfant E
FIN POUR
```

Algorithme 4-3 : Phase reproduction

4.2.2 Opérateur de remplacement pour le problème *MURDS*

Dans l'algorithme génétique proposé, le remplacement se fait en utilisant la stratégie $(\mu + \lambda)$. Ainsi, les deux populations parent et enfant sont combinées et les n meilleurs individus sont conservés à la prochaine génération.

4.2.3 Gestion des doublons

Il est possible, après la phase de remplacement, de trouver des individus identiques dans la population. Pour assurer l'unicité des individus, une gestion des doublons s'impose. Ainsi, tout doublon est remplacé par un individu généré à l'aide de H1 (Algorithme 4-1) ou de H2 (Algorithme 4-2). Le choix de l'une des deux heuristiques est équiprobable.

4.2.4 Critère d'arrêt

Utilisant un remplacement élitiste avec une gestion des doublons, l'algorithme génétique décrit dans ce chapitre ne converge pas. Le critère d'arrêt choisi pour cet algorithme est le nombre de générations et il a été fixé à 3000 générations. Ce critère d'arrêt a été choisi suite à des expérimentations à des fins de comparaisons avec l'algorithme génétique proposé par Rubin et Ragatz [1995] et le recuit simulé de Tan *et al.* [2000] qui sont les premiers algorithmes publiés dans la littérature pour la résolution de ce problème. Une relaxation du critère d'arrêt est proposée à la Section 4.3 pour observer le comportement de l'algorithme génétique.

L'Algorithme 4-4 présente le pseudo-code complet de l'algorithme génétique. Nous pouvons y trouver les principales phases de l'algorithme : la génération de la population initiale, la génération de la population enfant par l'intermédiaire du croisement et de la mutation après la phase de sélection et la phase de remplacement de la génération courante avec la gestion des doublons.

Nous avons décrit et justifié, dans les sections précédentes, les différents choix pour la conception de l'algorithme génétique pour traiter le problème d'ordonnancement $1|s_{ij}|\sum T_j$. Nous avons pour cela adapté la phase d'initialisation en utilisant deux heuristiques basées respectivement sur les temps de réglages et les dates dues. Ces mêmes heuristiques sont utilisées pour la gestion des doublons après la phase de remplacement. Nous avons également conçu un nouvel opérateur de croisement appelé *RMPX*. Ce même opérateur est utilisé avec l'opérateur *OX* lors de la phase de croisement avec une probabilité de 0.8. Avec une probabilité de 0.3, la mutation représente un simple échange de positions pour deux travaux choisis aléatoirement. La sélection, quant à elle, se fait par un tournoi impliquant deux solutions choisies aléatoirement. Enfin, le remplacement pour constituer la prochaine génération se fait de manière élitiste après avoir fusionné les deux populations parent et enfant. Nous exposons, dans la prochaine section, les résultats expérimentaux obtenus à l'aide de cet algorithme génétique.

```
/*Paramêtres*/
n                               /* Nombre de travaux - Taille chromosome */
P                               /* Population parent */
Tp = n                          /* Taille Populaion parent */
pc = 0.8                        /* Probabilité croisement */
pm = 0.3                        /* Probabilité mutation */
E                               /* Population enfant */
Te = Tp * pm                    /* Taille population enfant */
Nbregene = 3000                 /* Nombre de génération */
MS                              /* Meilleure solution trouvée */
I1, I2                          /* Individus parents temporaires */
E1, E2                          /* Individus enfants temporaires */
T                               /* Population temporaire */
/*Population initiale*/
POUR i: 1..Tp*0.2 FAIRE
        P[i]=H1()
FIN POUR
POUR i: Tp*0.4..Tp*0.4 FAIRE
        P[i]=H2()
FIN POUR
POUR i: Tp*0.4..Tp FAIRE
        P[i]=HA()
FIN POUR
TRIER(P)                        /* Tri décroissant de la population */
MS <- P[0]                      /* Sauvegarde de la meilleure solution */
/* Boucle principale */
POUR j: 1..Nbregene FAIRE
    /*Génération E*/
    POUR i: 1..Te FAIRE
            I1 =   TOURNOI_MIN(P)
            I2 =   TOURNOI_MIN(P)
            E1 =   CROISEMENT(I1, I2)
            Mise à jour MS
            E1 =   MUTATION(I1, I2)
            Mise à jour MS
            E[i] <- E1
            E2 =   CROISEMENT(I2, I1)
            Mise à jour MS
            E2 =   MUTATION(I2, I1)
            Mise à jour MS
            E[i] <- E2
    FIN POUR
    /*Remplacement*/
    T <- P+E
    TRIER (T)
    P <- T[1..Tp]
    ENLEVER_LES_DOUBLONS(P)
    Mise à jour MS
FIN POUR
```

Algorithme 4-4 : Algorithme génétique pour le problème *MURDS*

4.3 Résultats expérimentaux

Dans cette section, nous présentons les différents résultats expérimentaux obtenus par l'algorithme génétique décrit à la section précédente pour le problème *MURDS* en utilisant les jeux d'essai introduits à la Section 2.4.2. Toutes les expérimentations ont été réalisées sur un ordinateur XEON™ avec 2.4 GHz d'horloge et 1 GB de RAM. L'environnement de développement est Microsoft Visual Studio 2005™ dans un environnement Windows XP Professional™ Service Pack 3. Chaque instance a été exécutée 20 fois et les résultats représentent les moyennes, les meilleurs et les pires résultats de ces 20 exécutions. Nous reprenons la même forme de présentation des résultats et de comparaison qui a été utilisée pour les résultats des Tableau 2-1 et Tableau 2-2.

Au Tableau 4-1, le premier sous-groupe de colonnes, indexé par AG1, présente respectivement le résultat minimum (MIN), le résultat moyen (MOY) et le pire résultat (MAX) obtenu par l'algorithme génétique proposé pour le premier groupe d'instances. Il s'agit de déviations moyennes par rapport à l'optimum. Les deuxième et troisième sous-groupe de colonnes, noté respectivement AG_{60} et AG_{300}, fournissent, sous la même forme de présentation, les résultats pour l'algorithme AG1 avec un critère d'arrêt basé sur une exécution limité par un temps de 60 secondes et de 300 secondes. Les autres sous-groupes de colonnes, notées AGR, AMF, AGF et TABOU/VNS, reprennent les résultats présentés précédemment au Tableau 2-2.

Tout d'abord, il faut noter que l'algorithme AG1 trouve les solutions optimales au moins une fois pour les instances de 15 et 25 travaux (instances 4** et 5**), ce qui n'est pas le cas pour l'algorithme AGR. De plus, pour les meilleurs résultats (MIN), les résultats moyens (MOY) et les pires résultats (MAX), AG1 surpassent AGR pour toutes les instances. De même, les résultats moyens obtenus par AG1 surpassent ceux obtenus à l'aide de l'algorithme AGF et sont comparables à ceux de AMF. Sur ces mêmes instances, les résultats de AG1 sont également comparables à ceux de TABOU/VNS à l'exception de l'instance 507 où le résultat moyen et le pire résultat diffèrent de 0.7 % et 2.7 % respectivement. Toutefois, pour les instances de 35 et 45 travaux, les résultats de AG1 sont inférieurs à ceux de TABOU/VNS. En effet, en ce qui concerne les meilleurs résultats trouvés, ceux de AG1 ont des écarts considérables, notamment pour les instances 601, 605, 701 et 705. À titre d'exemple, cet écart atteint 100 % pour l'instance 601. Le constat est le même concernant les résultats moyens et les pires résultats toujours pour ces mêmes instances. En effet, AG1 obtient des écarts de 169 % et de 31 % pour les résultats moyens en comparaison à ceux de TABOU/VNS pour les instances 601 et 705 respectivement. Pour les autres instances, les résultats de AG1 ont des écarts de moins de 2 %, 3.4 % et 7 % pour les meilleurs, moyens et pires résultats en comparaison à ceux de TABOU/VNS respectivement.

Dans un deuxième temps, le critère d'arrêt utilisé par AG1 a été modifié pour permettre à l'algorithme de poursuivre son processus plus longtemps. Cet algorithme, noté AG_{60}, utilise un critère d'arrêt qui fixe le temps de calculs à 60 secondes (sachant que AMF et AGF évoluent pendant 120 secondes). Ainsi, il est possible d'observer si les résultats de AG1 convergent ou non au bout de 3000 générations étant donné que la moyenne du temps de calcul est inférieure à 3 secondes pour les 3000 générations.

La première constatation sur l'efficacité de AG_{60} est à l'effet que les résultats, pour la majorité des instances, ont été améliorés par rapport à AG1 et confirme ainsi que la convergence n'est généralement pas atteinte après 3000 générations. Pour les instances à 15 travaux, AG_{60} trouve toujours l'optimum. La deuxième remarque est à l'effet que les résultats de l'algorithme AG_{60} surpassent ceux de AG1 et de AGR pour les meilleurs résultats, les résultats moyens et les pires résultats. De même, les résultats moyens de AG_{60} surpassent ceux de AGF pour toutes les instances et ceux de AMF pour 23 des 32 instances. La troisième remarque est à l'effet que l'algorithme AG_{60}, même s'il semble moins performant que le TABOU/VNS pour l'ensemble des instances, permet d'abaisser les meilleurs résultats moyens pour les problèmes 501, 601, 605, 701 et 705 par rapport à tous les algorithmes à l'exception de TABOU/VNS. En effet, sur ces mêmes instances, les résultats moyens d'AG_{60} surpassent ceux d'AMF : 30 % de différence de déviation pour l'instance 601, 2 % pour l'instance 605, 4 % pour l'instance 701 et 2 % pour l'instance 705. D'un autre côté, AG_{60} réduit encore plus la déviation pour les instances 603, 604, 607, 608, 703, 704, 707 et 708. Pour ces mêmes instances et par rapport à TABOU/VNS, à l'exception des instances 608, 704 et 708 où la différence de déviation est respectivement de 1.5 %, 1.6 % et 1.3 %, elle est inférieure à 0.5 % en ce qui concerne les résultats moyens. .

PROB	OPT	AG1			AG60			AG300			AGR			AMF	AGF	TABOU/VNS		
		MIN	MOY	MAX	MIN	MOY	MAX	MIN	MOY	MAX	MIN	MOY	MAX	MOY	MOY	MIN	MOY	MAX
401	90	0,0	0,0	0,0	0,0	0,0	0,0	0,0	0,0	0,0	0,0	4,4	4,4	0,0	4,9	0,0	0,0	0,0
402	0	0,0	0,0	0,0	0,0	0,0	0,0	0,0	0,0	0,0	0,0	0,0	0,0	0,0	0,0	0,0	0,0	0,0
403	3418	0,0	0,5	2,1	0,0	0,0	0,0	0,0	0,0	0,0	0,0	0,0	0,0	0,0	0,6	0,0	0,3	2,6
404	1067	0,0	0,0	0,0	0,0	0,0	0,0	0,0	0,0	0,0	0,0	0,0	0,0	0,0	0,0	0,0	0,0	0,0
405	0	0,0	0,0	0,0	0,0	0,0	0,0	0,0	0,0	0,0	0,0	0,0	0,0	0,0	0,0	0,0	0,0	0,0
406	0	0,0	0,0	0,0	0,0	0,0	0,0	0,0	0,0	0,0	0,0	0,0	0,0	0,0	0,0	0,0	0,0	0,0
407	1861	0,0	0,0	0,0	0,0	0,0	0,0	0,0	0,0	0,0	0,0	0,0	0,0	0,0	0,1	0,0	0,0	0,0
408	5660	0,0	0,2	0,6	0,0	0,0	0,0	0,0	0,0	0,0	0,0	0,0	0,9	0,0	0,0	0,0	0,4	0,6
501	261	0,0	0,5	2,3	0,0	0,1	1,5	0,0	0,1	1,1	1,1	2,7	5,0	0,1	2,7	0,0	0,0	0,0
502	0	0,0	0,0	0,0	0,0	0,0	0,0	0,0	0,0	0,0	0,0	0,0	0,0	0,0	0,0	0,0	0,0	0,0
503	3497	0,0	0,2	1,1	0,0	0,1	0,3	0,0	0,0	0,2	0,0	0,6	1,3	0,0	0,1	0,0	0,4	0,8
504	0	0,0	0,0	0,0	0,0	0,0	0,0	0,0	0,0	0,0	0,0	0,0	0,0	0,0	0,0	0,0	0,0	0,0
505	0	0,0	0,0	0,0	0,0	0,0	0,0	0,0	0,0	0,0	0,0	0,0	0,0	0,0	0,0	0,0	0,0	0,0
506	0	0,0	0,0	0,0	0,0	0,0	0,0	0,0	0,0	0,0	0,0	0,0	0,0	0,0	0,0	0,0	0,0	0,0
507	7225	0,0	0,7	2,7	0,0	0,2	1,0	0,0	0,1	0,5	2,1	6,1	9,6	0,0	1,3	0,0	0,0	0,0
508	1915	0,0	0,0	0,0	0,0	0,0	0,0	0,0	0,0	0,0	1,6	1,6	6,3	0,0	0,9	0,0	0,0	0,0
601	12	100,0	169,4	316,7	0,0	11,7	75,0	0,0	6,7	41,7	341,8	525,0	633,3	50,0	345,0	0,0	0,0	0,0
602	0	0,0	0,0	0,0	0,0	0,0	0,0	0,0	0,0	0,0	0,0	0,0	0,0	0,0	0,0	0,0	0,0	0,0
603	17587	0,6	1,8	3,0	0,1	0,9	2,4	0,0	1,1	3,1	0,4	1,5	3,3	0,3	2,2	0,0	0,1	0,1
604	19092	0,7	1,8	2,6	0,4	1,3	1,8	0,0	1,1	2,2	1,2	2,0	3,6	0,4	2,6	0,0	0,7	1,0
605	228	1,8	13,0	33,3	0,0	2,8	6,6	0,0	2,6	9,2	45,1	75,2	100,0	4,3	35,0	0,0	0,4	0,9
606	0	0,0	0,0	0,0	0,0	0,0	0,0	0,0	0,0	0,0	0,0	0,0	0,0	0,0	0,0	0,0	0,0	0,0
607	12969	0,3	1,6	3,2	0,0	0,7	2,1	0,0	0,8	2,7	7,5	9,1	10,1	0,6	3,8	0,0	0,3	0,6
608	4732	0,0	1,7	5,2	0,0	0,8	2,4	0,0	0,9	4,3	0,6	1,2	3,8	0,0	5,2	0,0	0,0	0,0
701	97	18,6	30,7	56,7	3,1	8,3	17,5	1,0	6,8	14,4	88,7	118,6	160,8	12,6	81,9	1,0	3,0	5,2
702	0	0,0	0,0	0,0	0,0	0,0	0,0	0,0	0,0	0,0	0,0	0,0	0,0	0,0	0,0	0,0	0,0	0,0
703	26506	0,8	1,9	2,9	0,4	1,3	2,3	0,1	1,2	2,4	2,1	3,8	4,8	0,7	3,6	0,0	0,8	1,4
704	15206	0,6	3,4	7,8	0,0	1,9	4,1	0,0	1,6	3,7	2,3	3,2	5,9	0,2	4,6	0,0	0,8	1,7
705	200	9,0	33,7	57,0	4,0	14,1	35,0	1,0	6,1	34,0	79,5	121,5	151,0	12,2	67,2	0,0	2,1	4,0
706	0	0,0	0,0	0,0	0,0	0,0	0,0	0,0	0,0	0,0	0,0	0,0	0,0	0,0	0,0	0,0	0,0	0,0
707	23789	0,8	2,2	3,3	0,3	1,4	3,5	0,2	1,0	1,9	4,2	7,3	12,0	0,5	2,6	0,0	0,1	0,4
708	22807	0,9	2,8	5,2	0,0	1,6	3,4	0,0	1,5	3,9	8,7	13,4	16,5	0,3	2,8	0,0	1,3	2,7

Tableau 4-1 : Résultats pour les petites instances

Pour les meilleurs résultats, à l'exception des instances 701 et 704, la déviation est toujours inférieure à 1 %. Finalement, concernant les pires résultats, à l'exception des instances 601, 605, 701, 704 et 705, la déviation est toujours inférieure à 2 % par rapport à TABOU/VNS.

Comme dernière analyse, le critère d'arrêt de AG1 a été modifié pour permettre à l'algorithme de poursuivre son processus encore plus longtemps. Ainsi, l'algorithme AG_{300} fixe le critère d'arrêt à 300 secondes pour étudier sa convergence. La première constatation sur l'efficacité de AG_{300} est à l'effet que les résultats pour la majorité des instances ont été améliorés par rapport à AG_{60} et confirme ainsi que la convergence n'est généralement pas atteinte après 60 secondes. La deuxième remarque est à l'effet que AG_{300} trouve au moins une fois les solutions optimales pour toutes les instances de 35 travaux ce qui n'était pas le cas avec AG_{60}. Si nous comparons les résultats de AG_{300} et de AG_{60}, nous remarquons de nettes améliorations principalement pour les instances 601, 701 et 705. Nous pouvons donc conclure que l'algorithme a convergé pour la plupart des instances à l'exception de celles de types **1 et **5. Il est à noter que les résultats moyens de AG_{300}, comme ceux de AG_{60}, surpassent ceux de AMF pour 23 des 32 instances. Pour les 9 autres instances, les écarts ont été réduits. Cette réduction d'écarts se fait aussi remarquée par rapport aux résultats de TABOU/VNS, notamment pour les instances de type **1 et **5. En effet, les écarts sur les résultats moyens concernant ces instances sont inférieurs à 3 % à l'exception de l'instance 601 où il se situe à 6.7 %. Pour les autres instances, les écarts par rapport à TABOU/VNS ont aussi diminués.

En ce qui a trait au deuxième groupe d'instances, le Tableau 4-2 présente les résultats de AG1, AG_{60}, AG_{300} et TABOU/VNS dans la même forme que le tableau précédent. Les résultats de TABOU/VNS sont ceux présentés précédemment au Tableau 2-3. Nous rappelons au lecteur qu'aucun algorithme génétique ou mémétique n'a été expérimenté pour ces instances.

À première vue, nous pouvons remarquer des écarts entre les résultats de AG1 et de TABOU/VNS, notamment pour les instances de types **1 et **5. En effet, les résultats de TABOU/VNS surpassent largement ceux de AG1 avec des déviations dépassant les 1000 % pour l'instance 655, par exemple. Pour toutes les autres instances, les déviations sont moindres et ne dépassent pas les 5 % sur les meilleurs, moyens et pires résultats.

Ainsi, pour les deux groupes d'instances, une conclusion peut être tirée à l'effet que AG1 est moins performant que le TABOU/VNS et que les écarts s'accentuent pour certaines instances avec l'augmentation de la taille de problème.

PROB	MS	AG1			AG60			AG300			TABOU/VNS		
		MIN	MOY	MAX	MIN	MOY	MAX	MIN	MOY	MAX	MIN	MOY	MAX
551	183	35,5	56,5	82,0	9,3	25,1	41,5	0,0	12,2	25,1	1,1	5,8	10,9
552	0	0,0	0,0	0,0	0,0	0,0	0,0	0,0	0,0	0,0	0,0	0,0	0,0
553	40540	0,8	1,9	2,8	0,5	1,2	2,5	0,4	0,9	1,8	0,3	0,5	0,9
554	14653	2,7	4,8	7,1	1,2	3,9	7,0	0,8	2,6	5,2	0,4	2,3	5,5
555	0	0,0	0,0	0,0	0,0	0,0	0,0	0,0	0,0	0,0	0,0	0,0	0,0
556	0	0,0	0,0	0,0	0,0	0,0	0,0	0,0	0,0	0,0	0,0	0,0	0,0
557	35813	1,7	2,9	4,3	0,3	1,5	2,7	0,2	1,1	1,9	0,1	0,3	1,2
558	19871	2,8	4,4	6,6	0,5	2,3	4,5	0,4	2,1	4,2	0,0	0,8	1,7
651	268	16,4	43,0	65,3	10,4	19,9	31,3	0,4	10,3	22,0	0,0	2,0	4,5
652	0	0,0	0,0	0,0	0,0	0,0	0,0	0,0	0,0	0,0	0,0	0,0	0,0
653	57569	1,9	2,9	4,8	0,9	2,0	3,6	0,4	1,5	2,4	0,1	0,5	0,8
654	34301	3,5	5,8	7,1	1,4	3,9	5,6	1,0	3,3	6,0	0,5	1,3	3,1
655	2	1200,0	1853,3	2650,0	450,0	975,0	1450,0	150,0	490,0	900,0	0,0	125,0	250,0
656	0	0,0	0,0	0,0	0,0	0,0	0,0	0,0	0,0	0,0	0,0	0,0	0,0
657	54895	1,6	2,6	3,3	0,9	1,7	2,9	0,4	1,1	2,0	0,3	0,6	0,9
658	27114	3,6	5,3	7,2	0,7	4,0	6,9	0,3	3,0	6,8	0,3	0,5	0,9
751	241	31,5	48,4	56,4	12,4	24,8	39,0	4,1	10,5	20,3	0,0	2,9	5,8
752	0	0,0	0,0	0,0	0,0	0,0	0,0	0,0	0,0	0,0	0,0	0,0	0,0
753	77663	2,5	3,6	4,5	1,6	2,3	4,0	0,9	1,6	2,5	0,1	0,4	0,7
754	35200	3,3	6,9	10,8	2,4	5,1	6,9	1,8	3,1	4,8	1,4	3,1	4,6
755	0	0,0	0,0	0,0	0,0	0,0	0,0	0,0	0,0	0,0	0,0	0,0	0,0
756	0	0,0	0,0	0,0	0,0	0,0	0,0	0,0	0,0	0,0	0,0	0,0	0,0
757	59735	2,4	3,0	4,0	1,7	2,6	3,4	1,0	1,5	2,5	0,0	0,2	0,5
758	38339	3,3	5,1	6,9	2,8	4,3	7,0	0,5	2,6	4,4	1,2	2,4	4,1
851	384	27,9	53,6	76,6	19,5	38,9	61,7	8,6	15,8	23,2	0,0	1,8	3,9
852	0	0,0	0,0	0,0	0,0	0,0	0,0	0,0	0,0	0,0	0,0	0,0	0,0
853	97642	2,7	3,5	4,0	2,1	2,8	3,8	0,8	1,4	2,2	0,2	0,4	0,8
854	79278	4,3	5,2	5,9	3,5	4,4	6,0	1,7	2,7	3,5	1,1	2,0	3,0
855	283	60,4	75,3	101,1	31,1	54,8	82,3	4,9	18,8	34,6	0,0	13,4	24,4
856	0	0,0	0,0	0,0	0,0	0,0	0,0	0,0	0,0	0,0	0,0	0,0	0,0
857	87244	3,1	4,0	4,9	1,8	3,1	4,2	0,9	1,7	3,1	0,0	0,9	1,8
858	74785	3,4	4,9	6,2	2,3	4,0	5,8	1,0	1,8	2,9	1,0	1,8	3,4

Tableau 4-2 : Résultats pour les grandes instances

Concernant l'algorithme AG_{60}, nous pouvons remarquer qu'il améliore considérablement tous les résultats de AG1, notamment pour les instances de types **1 et **5. À titre d'exemple, les déviations pour les meilleurs résultats sont passées de 35.5 % à 25.1 %, de 1200 % à 450 % et de 60.4% à 31.1 % respectivement pour les instances 551, 655 et 855. Certes, AG_{60} améliore tous les résultats de AG1 mais ces résultats montrent toujours de larges écarts par rapport à ceux de TABOU/VNS notamment pour les instances de types **1 et **5. En effet, pour toutes les autres instances, les déviations ne dépassent pas les 3 %. Par contre, et à titre d'exemple, pour le résultat moyen associé à l'instance 855, l'écart dépasse 60%. De même, comme AG1, AG_{60} ne trouve jamais la meilleure solution connue à l'exception des instances où la valeur du retard total est égale à 0, soit les instances 552, 555, 556, 652, 656, 752, 756, 852 et 856.

Concernant l'algorithme AG_{300}, nous pouvons remarquer qu'il améliore considérablement tous les résultats de AG_{60}, notamment pour les instances de types **1 et **5. Par exemple, concernant les résultats moyens, les déviations passent de 25.1 % à 12.2 %, de 24.8 % à 10,5 % et de 54.8 % à 18.8 % pour les instances 551, 751 et 855 respectivement. Cependant, les améliorations sont moins prononcées pour les autres instances. Nous remarquons toutefois qu'il existe encore de larges écarts par rapport à TABOU/VNS, notamment pour les instances de types **1 et **5. Il faut noter également que AG_{300} trouve la meilleure solution pour l'instance 551 alors que ce n'est pas le cas pour le TABOU/VNS. Cependant, AG_{300} ne trouve aucune autre valeur minimale connue à l'exception de celles à valeur de retard total nulle. Néanmoins, pour 15 des 23 autres instances, la déviation du meilleur résultat est inférieure à 1 %.

4.4 Conclusion

À partir de la revue de la littérature réalisée au Chapitre 2, nous avons constaté, pour le problème $1 | s_{ij} | \sum T_j$, que la recherche de la solution optimale est étroitement liée à la préservation, à la fois, de l'ordre relatif et de l'ordre absolu. Ainsi, l'algorithme proposé dans ce chapitre tient compte spécifiquement des caractéristiques du problème. En premier lieu, la construction de la population initiale utilise deux heuristiques basées respectivement sur les temps de réglages (H1) et les dates dues (H2). Ces mêmes heuristiques ont été utilisées pour la gestion des doublons après la phase de remplacement. En minimisant les temps de réglages, H1 permet la construction de chromosomes qui garantissent l'ordre relatif. Pour la minimisation des retards, H2 garantit l'ordre absolu dans les chromosomes générés. En second lieu, un nouvel opérateur de croisement, appelé *RMPX*, préservant l'ordre relatif pour la section de croisement et le bloc de remplissage tout en assurant un minimum d'ordre absolu a été proposé. Celui-ci a permis d'obtenir de meilleurs résultats que les opérateurs classiques de la littérature utilisés par certains auteurs. En ce qui a trait à la sélection, au remplacement et à la mutation, l'algorithme génétique proposé utilise des éléments classiques des *AG*s. En effet, l'algorithme utilise une sélection par tournoi binaire, une stratégie $(\mu + \lambda)$ pour le remplacement et une mutation par un échange de deux positions tirés aléatoirement.

Concernant les résultats obtenus, l'*AG* proposé surpasse tous les *AG*s de la littérature pour les instances de problèmes proposés par Rubin et Ragatz [1995] : les algorithmes mémétique et génétique de França *et al.* [2001], l'*AG* de Rubin et Ragatz [1995] et l'*AG* de Tan *et al.* [2000]. Il faut noter que les deux derniers *AG*s cités ainsi que l'algorithme mémétique de França *et al.* [2001] intègrent tous une procédure d'amélioration locale, ce qui n'est pas le cas pour l'*AG* proposé. En effet, les *AG*s de Rubin et Ragatz [1995] et de Tan *et al.* [2000], qui évoluent pendant plus de 5000 générations en moyenne, intègrent l'heuristique *RSPI* [Rubin et Ragatz, 1995] pendant la phase de mutation. L'algorithme mémétique de França *et al.* [2001], évoluant pendant 120 secondes, intègre, quant à lui, deux heuristiques différentes pour générer le voisinage de sa recherche locale en plus d'un schéma de populations hiérarchisées. De plus, il faut noter qu'aucun de ces algorithmes n'a été testé sur le deuxième groupe d'instances.

La revue de la littérature a permis d'établir que l'algorithme TABOU/VNS de Gagné *et al.* [2005] est la meilleure approche pour résoudre le problème *MURDS*. Par conséquent, il est l'algorithme retenu pour fins de comparaison pour l'évaluation de la performance des algorithmes développés dans cette thèse. Cette approche utilise les voisinages 3-OPT restreint et OR-OPT avec des tailles de voisinage égales à $60*n$, $40*n$ et $20*n$ et a pour critère d'arrêt 50 000 évaluations. A titre de comparaison, AG1 réalise en moyenne 30 000 évaluations pour les instances de 15 et 25 travaux. Sur ces mêmes instances, AG_{60} et AG_{300} effectue en moyenne 52 000 évaluations sachant que ces algorithmes s'arrêtent aussi dès qu'ils trouvent la solution optimale. Globalement, pour les 64 instances, AG1, AG_{60} et AG_{300} réalisent respectivement en moyenne 65 000, 125 000 et 265 000 évaluations.

En comparaison avec le TABOU/VNS et hormis pour quelques instances du premier groupe d'instances, nous notons un écart minime par rapport aux résultats des algorithmes génétiques proposés. En effet, cet écart ne dépasse pas 3 %, 1.9 % et 1.6% sur la plupart des instances pour les résultats moyens des algorithmes AG1, AG_{60} et AG_{300} respectivement. Cependant, l'écart est plus prononcé pour les instances de type **1 et **5 avec des déviations moyennes pour les résultats moyens de 30.9 %, 4.6 % et 2.7 % pour les algorithmes AG1, AG_{60} et AG_{300} respectivement. Pour le deuxième groupe d'instances, le constat est similaire et les écarts s'accentuent principalement pour les instances de type **1 et **5. Ces deux types d'instances ont pour caractéristiques communes un facteur de retard bas et un domaine de dates dues restreint. Ainsi, pour ce genre d'instances, il existe peu de travaux en retard et les dates dues sont comprises dans un petit intervalle. Concernant la troisième caractéristique, la variance du temps d'exécution ne fait qu'augmenter essentiellement la valeur du retard total.

Finalement, avec la relaxation du critère d'arrêt de l'algorithme génétique, nous avons pu observer l'amélioration des résultats due à un renforcement du processus de diversification. Toutefois, nous pensons que le processus d'intensification au sein de l'algorithme génétique proposé devrait être lui aussi renforcé pour améliorer la qualité globale des solutions obtenues. En effet, nous avons pu remarquer, sur plusieurs instances et malgré la relaxation du critère d'arrêt, la convergence de l'algorithme. Ainsi, compte tenu des écarts existants avec les résultats du TABOU/VNS, nous chercherons, dans les prochains chapitres, à explorer la conception d'algorithmes génétiques hybrides améliorant le processus d'intensification de l'algorithme en intégrant une méthode exacte et des mécanismes appartenant à d'autres méthodes de résolution afin d'en améliorer la performance.

À cet égard, dans le prochain chapitre, nous explorons une formulation et une résolution du problème *MURDS* avec la programmation par contraintes, et plus particulièrement avec l'ordonnancement basé sur les contraintes. Dans la première partie du Chapitre 6, cette méthode est intégrée au sein de l'algorithme génétique proposé comme méthode d'intensification.

Les travaux réalisés dans ce chapitre démontrent qu'un algorithme génétique adapté aux caractéristiques du problème *MURDS* peut obtenir une très bonne performance. Ceci représente la première contribution de cette thèse qui a été publié dans Sioud *et al.* [2009].

CHAPITRE 5

RÉSOLUTION DU PROBLÈME *MURDS* AVEC LA

PROGRAMMATION PAR CONTRAINTES

5.1 Introduction

Un avantage de la programmation par contraintes (*PC*) est qu'il est possible de séparer la modélisation de la résolution pour un problème donné. En effet, il est possible de modéliser un problème puis de le résoudre avec différents algorithmes sans pour autant en modifier la formulation. Dans la formulation, il faut définir les différentes variables ainsi que leurs domaines respectifs et identifier les différentes contraintes à greffer au modèle. La phase de résolution, qui consiste à affecter des valeurs à toutes les variables en respectant toutes les contraintes et en optimisant un objectif, utilise généralement les trois techniques présentées à la Section 3.3, à savoir la recherche systématique, la vérification de consistance et la propagation de contraintes. De même, pendant la phase de résolution, deux types de propagation de contraintes sont effectués : une propagation de contraintes initiale au début de l'algorithme et une autre pendant la phase de recherche. La Figure 5-1 décrit le fonctionnement général de la phase de résolution pour l'obtention d'une solution. En effet, après avoir défini les variables de décision et les contraintes, une propagation initiale des contraintes est effectuée. Une autre propagation est effectuée pendant la phase de recherche après chaque retour en arrière.

Dans ce chapitre, nous présentons une formulation et une approche de résolution pour le problème *MURDS* avec l'ordonnancement basé sur les contraintes. Cela représente la deuxième contribution de cette thèse puisque le problème $1|s_{ij}|\sum T_j$ n'a jamais été approché par cette classe d'algorithme. Nous introduisons tout d'abord, à la section suivante, la plateforme ILOG CP™ [ILOG, 2003] sur laquelle la formulation et la résolution du problème *MURDS* ont été effectuées.

91

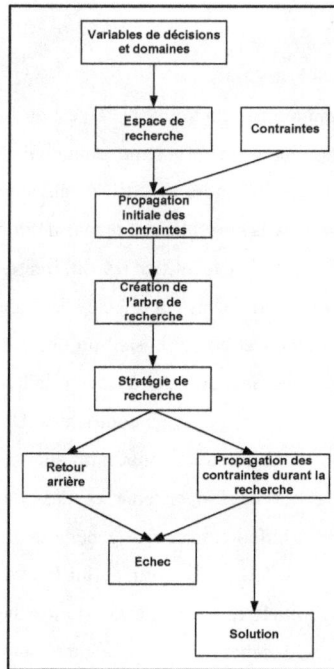

Figure 5-1 : Fonctionnement du processus de résolution [ILOG, 2003]

5.2 Implémentation avec ILOG CP™

Pour la formulation et la résolution du problème *MURDS*, nous utilisons la plateforme ILOG CP™. Son ancêtre, ILOG a été créé en 1987 par l'INRIA (Institut National de Recherche en Informatique et en Automatique) qui est l'un des plus grands centres de recherche en informatique en France. C'est une plateforme dédiée au développement d'applications orientées objets pour les entreprises. ILOG CP™ décompose le problème traité en séparant la modélisation du problème et l'algorithme de recherche. Ceci permet de tester plusieurs algorithmes sur un même modèle sans pour autant modifier ce dernier. Nous utilisons deux composants d'ILOG CP™ pour formuler et résoudre le problème *MURDS* : ILOG SCHEDULER™ 6.0 [ILOG, 2003a] et ILOG SOLVER™ 6.0 [ILOG, 2003]. Le tout est utilisé par l'intermédiaire des API C++ fournies [ILOG, 2003]. Tous les tests expérimentaux sont exécutés sur un ordinateur Itanium™ 64 bits à 1.4 GHz et 4 GB de RAM.

5.2.1 SCHEDULER

ILOG SCHEDULER™ 6.0 [ILOG, 2003a] est un langage de modélisation où le modèle est construit en créant une instance de la classe `IloModel`. Toute classe de ILOG SCHEDULER concernant ce modèle, une activité ou une ressource par exemple, appartient à un environnement qui est une instance de la classe `IloEnv`. C'est le solveur ILOG SOLVER qui résout ensuite le modèle. C'est pour cela qu'il faut construire le modèle correctement et ceci dépend d'une implémentation conforme des classes de ILOG SCHEDULER. La syntaxe de modélisation de ILOG SCHEDULER est simple. Fondamentalement, les éléments composant le modèle sont une séquence, des ressources à capacité limitée et des activités. Par l'intermédiaire de simples objets, ces composants permettent de modéliser des ordonnancements et des problèmes d'affectation en termes d'activités et de ressources. Pour ILOG SCHEDULER, une activité, qui possède un temps d'exécution, est un travail complété dans une séquence. Elle s'exécute pendant un intervalle de temps sur lequel des contraintes temporelles peuvent être appliquées. Une activité est représentée par une instance de la classe `IloActivity`. Une ressource est un objet qui peut représenter, par exemple, une machine, un ouvrier, un infirmier ou un véhicule et qui rajoute de la valeur à un produit ou à un service à sa création, sa production ou sa livraison [ILOG, 2003a]. Tel que décrit à la Section 3.4.2, un problème d'ordonnancement peut être modélisé en un *CSP*. Il est défini par un ensemble d'activités représentant les travaux à exécuter, un ensemble de contraintes de précédence appliquées sur les activités, un ensemble de ressources qui exécutent les activités et un ensemble de contraintes sur les ressources qui relient les activités aux ressources et définissent les demandes des ressources.

ILOG SCHEDULER permet de définir deux principales catégories de contraintes : des contraintes temporelles et des contraintes sur les ressources. Une contrainte temporelle indique les relations possibles entre les temps de début et de fin d'activités distinctes. C'est une contrainte imposée sur l'intervalle du temps d'exécution d'une activité. ILOG SCHEDULER utilise des contraintes comme `startsBeforeStart` pour modéliser des contraintes temporelles entre deux activités. Cette dernière impose que l'activité courante doit commencer avant le début d'une autre activité. Une contrainte temporelle est, par exemple, une expression logique de type $start(A_i) + t \leq end(A_j)$ où $start(A_i)$ représente la date de début de l'activité A_i, $end(A_j)$ la date de fin de A_j et t un délai entre ces deux dates. ILOG SCHEDULER définit deux types de contraintes temporelles : des contraintes de précédence et des contraintes de limites temporaires. Les contraintes de précédence sont des instances de la classe `IloPrecedenceConstraint` et sont utilisées lorsqu'une activité doit débuter ou se terminer en respectant la fin ou le début d'une autre activité. Les contraintes de limites temporaires sont des instances de la classe `IloTimeBoundConstraint` et sont utilisées pour spécifier si une activité doit débuter ou se terminer avant une date donnée.

Pour ILOG SCHEDULER, une ressource est représentée par une instance de la classe `IloResource` et elle indique qu'une ressource est requise pour l'exécution d'un certain nombre d'activités. Une contrainte sur une ressource est une instance de la classe `IloResourceConstraint` qui spécifie que l'exécution d'une activité quelconque A requiert une ressource quelconque R. La classe racine de toutes les ressources est la classe `IloResource` qui a deux classes filles `IloStateResource` et `IloCapResource`. La classe `IloCapResource` est la classe racine de toutes les ressources ayant une capacité finie : `IloDiscretResource`, `IloUnaryResource`, `IloDiscretEnergy`, `IloReservoir` et `IloContinuousReservoir`. Une instance de la classe `IloStateResource` représente une ressource à capacité infinie qui varie en fonction du temps.

La propagation des contraintes avec ILOG SCHEDULER s'exécute dans les deux sens : d'une activité vers une ressource et d'une ressource vers une activité. Dans le premier cas, une propagation de contraintes d'une ressource vers une activité met à jour les dates de début au plus tôt et de fin au plus tard des activités. Dans le second cas, une propagation de contraintes d'une activité vers une ressource met à jour les capacités minimales et maximales des ressources à un instant donné.

Comme indiqué plus haut, ILOG SCHEDULER permet de modéliser un problème d'ordonnancement à partir de sa définition. Les objets utilisés pour la modélisation sont extraits de cette définition vers le solveur ILOG SOLVER. A l'extraction, les instances de ILOG SCHEDULER sont créées et initialisées avec les données d'entrée. Tout d'abord, ILOG SOLVER crée des classes de correspondance aux classes de modélisation extraites. L'extracteur utilisé par ILOG SCHEDULER est un objet qui interprète les objets de la phase de définition du problème et crée des objets pour la phase de résolution. Après la phase d'extraction, le modèle est ensuite envoyé à ILOG SOLVER.

5.2.2 SOLVER

Élaboré en C++, ILOG SOLVER™ 6.0 [ILOG, 2003] est un outil orienté objet dédié à la programmation par contraintes et qui est le moteur de programmation par contraintes de ILOG CP ™. Il permet de générer des bibliothèques pour la définition, la gestion et l'utilisation des différents composants de la programmation par contraintes. Pour utiliser ILOG SOLVER, l'utilisateur doit définir les différentes variables et contraintes qui sont utilisées automatiquement pendant la phase de recherche de solutions. ILOG SOLVER réduit les domaines des variables sur lesquelles les contraintes sont appliquées en supprimant les valeurs inconsistantes de celles-ci. ILOG CP ™ utilise deux préfixes pour les classes utilisées : Ilo et Ilc. En effet, pour chaque objet Ilo du modèle de la phase de modélisation, il existe un objet Ilc de la phase de résolution qui lui correspond. Ainsi, pendant la phase d'extraction du modèle, chaque objet Ilo est extrait par ILOG SOLVER en un objet Ilc. Les types de données utilisés par ILOG CP ™ sont similaires aux types de données utilisés par C++. Par exemple, IloInt correspond au type *int* en C++. La classe IloNumVar représente une variable numérique sur laquelle des contraintes peuvent s'appliquer. Par exemple, IloNumVar x(env, 0, IloInfinity,ILOINT) est une variable numérique de type entier qui appartient à l'environnement env et qui a pour domaine initial 0 et IloInfinity où ce dernier représente la valeur maximale d'un entier. La classe IloNumVarArray implémente un tableau de variables sur lesquelles des contraintes peuvent s'appliquer. Par exemple, IloNumVarArray A(env,10,0, IloInfinity,ILOINT) définit un tableau, appartenant à l'environnement env, constitué de 10 IloNumVar de type entier qui ont pour domaine initial 0 et `IloInfinity`. L'accès est effectué par l'opérateur `[]` surchargé.

Les contraintes sont représentées par la classe `IloConstraint` et peuvent être créées par les opérateurs relationnels surchargés de C++. Par exemple, soit deux objets x et y de type `IloNumVar`, l'appel de la contrainte `IloConstraint c(x < y)` implique que toutes les valeurs du domaine de x doivent être inférieures à la valeur minimale du domaine de y. Pour ajouter une contrainte au modèle, il faut utiliser la fonction `IloModel::add()`. Ainsi, `m.add(c)`, où `m` est le modèle considéré, ajoute la contrainte `c` au modèle `m`. L'ajout d'une contrainte assure sa prise en considération par ILOG SOLVER et, notamment, par le module de propagation de contraintes. Ainsi, si une variable liée à une contrainte est modifiée, ILOG SOLVER assure une certaine consistance. Dans ce cadre, ILOG SOLVER utilise une version de AC-5 [Van-Hentenryck *et al.*, 1992] qui est un algorithme générique d'arc-consistance pouvant être spécifique à certaines contraintes. Ces spécifications permettent de générer un algorithme à complexité $O(ed)$ où e est le nombre d'arcs du problème et d est la taille du plus grand domaine des variables traités.

Pour résoudre un problème, ILOG SOLVER affecte tout d'abord des valeurs aux différentes variables en respectant l'ensemble des contraintes. Ensuite, il énumère les valeurs en utilisant un *B&B* en essayant toutes les valeurs d'un domaine et en utilisant des procédures de recherche générales ou spécifiques au problème. Finalement, il applique une propagation des contraintes pour réduire les domaines des différentes variables. Ainsi, les valeurs inconsistantes sont éliminées de la solution partielle en cours. Les procédures spécifiques de recherche sont définies par l'intermédiaire de la classe `IloGoal`. Par la suite, pour la recherche d'une solution, une instance de `IloGoal` est spécifiée pour un modèle par la classe `IloSolver`. Ainsi, quand `IloSolver` extrait le modèle, un algorithme de recherche est associé à ce dernier par les méthodes `IloSolver::solve(const IloGoal)` ou `IloSolver::startNewSearch(const IloGoal)`. La première méthode parcourt complètement l'arbre de recherche et retourne la meilleure solution trouvée. Elle

ne retourne rien du tout s'il n'existe pas de solutions. La deuxième méthode peut
retourner toutes les solutions trouvées lors du parcours de l'arbre de recherche.

Dans la prochaine section, nous détaillons la modélisation et la résolution du problème
MURDS avec ILOG CP™.

5.3 Formulation du problème *MURDS* avec ILOG CP™

Comme nous l'avons décrit à la Section 3.4.2, les activités et les ressources sont au cœur
de l'ordonnancement basé sur les contraintes en général et au cœur de ILOG CP™ en
particulier. Pour formuler le problème *MURDS*, une modélisation de la machine, des
activités, des temps de réglages et de la fonction objectif sont nécessaires. Les sous-
sections suivantes décrivent chacune de ces modélisations.

5.3.1 Modélisation de la machine unique

Pour modéliser une machine unique avec ILOG SCHEDULER™ 6.0 [ILOG, 2003a], il
suffit d'utiliser la classe IloUnaryResource. Cette classe permet de manipuler des
ressources unaires, c'est-à-dire des ressources à capacité égale à un. Donc, cette ressource
ne peut exécuter qu'une activité à la fois. Ce genre de ressource permet de propager des
contraintes de type *edge finding* [Nuitjen et Aarts, 1996] et des contraintes disjonctives
[Baptiste et LePape, 1995] au cours de la phase de recherche.

5.3.2 Modélisation des activités

Pour modéliser les activités, représentant les travaux pour le problème d'ordonnancement
à l'étude, la classe IloActivity est utilisée. Il suffit d'indiquer, à la création de
chaque activité, le temps d'exécution et le temps de réglage initial qui représente le
réglage nécessaire si cette activité est la première de la séquence, et ce, par
l'intermédiaire de la méthode IloActivity::setStartMin(). Il faudra, bien sûr,
ajouter la contrainte qui relie les activités à la machine en utilisant la méthode
IloActivity::requires(IloUnaryResource). Grâce à cette méthode, qui est
une contrainte sur les ressources, les contraintes liées à la ressource sont propagées.

5.3.3 Modélisation des temps de réglage

L'utilisation des temps de réglage ou temps de transition avec ILOG SCHEDULER™ 6.0 [ILOG, 2003a] stipule que ceux-ci sont liés aux ressources et non aux activités tel que c'est le cas dans notre problème. Il est toutefois possible de surmonter cette situation en associant un type à chaque activité et en créant des temps de transition pour ces types. Quatre opérations sont alors nécessaires. D'abord, une classe, issue de la classe `IloTransitionParam`, doit être définie pour gérer et paramétrer les temps de transition. Ensuite, la matrice des temps de réglages est associée à cette classe avec la méthode `IloTransitionParam::setValue()`. Puis, cette classe est ajoutée à la ressource unaire avec la classe `IloTransitionTime`. Ainsi, la matrice des temps de réglages est associée à la machine unaire. Enfin, nous attribuons, à chaque activité, un type avec la méthode `IloActivity::setType()`. Pour simplifier la formulation, l'activité A_i est de type i. Comme nous avons n activités, nous avons alors n types. Ainsi, lors du calcul de la fonction objectif, il est possible d'associer les temps de transition entre deux activités de types distincts.

5.3.4 Modélisation de la fonction objectif

Comme nous l'avons mentionné à la Section 3.4.2.5, la modélisation d'une fonction objectif telle $\sum T_i$ n'est pas aussi facile à réaliser que le temps total d'exécution `Cmax` [Baptiste *et al.*, 2001]. Pour cela, il faut d'abord définir une variable, notée `Tard`, de type `IloNumVar` qui représente le retard total. Ensuite, nous définissons un tableau T de type `IloNumVarArray` qui contient les retards T_i des différentes activités A_i pendant la phase de recherche. Puis, lors de la phase de création des activités dans le modèle, des contraintes qui associe les T_i aux activités A_i sont ajoutées. Pour cela, la méthode `IloActivity::getEndExpr()`, qui retourne la date de fin d'une activité pendant la phase de recherche, est utilisée. Par la suite, une contrainte, qui associe la variable `Tard` à la somme des T_i contenus dans le tableau T avec la méthode `IloSum(IloNumVarArray)`, est ajoutée. Enfin, une contrainte minimisant la variable `Tard` est ajoutée avec la méthode `IloMinimize (IloNumVar`. Ainsi, la fonction objectif peut être ajoutée au modèle avec la méthode `IloModel::add()`. Ces trois dernières fonctions sont propres à ILOG SOLVER™ 6.0 [ILOG, 2003].

La Figure 5-2 décrit la modélisation du problème *MURDS* avec la plateforme ILOG CP ™ en utilisant les API C++ appropriées. Tout d'abord, la procédure principale *ModelMURDS* fait appel aux deux procédures *CreerMachine* et *CreerActivite*. La procédure *CreerMachine* retourne la machine unique en lui associant la matrice des temps de réglages par l'intermédiaire du paramètre des temps de transitions. La procédure *CreerActivite* retourne une activité en lui associant un temps d'exécution, une date de départ et un type utilisé lors du calcul des temps de réglages. Ensuite, le tableau *T* comportant le retard associé à chaque activité et la variable *Tard* qui représente le retard total sont définis. Ainsi, lors de la phase de résolution, le tableau *T* contient le maximum entre 0 et le temps de fin de l'activité auquel est soustraite sa date due. Puis, la somme des différents éléments du tableau *T* est affectée à la variable *Tard*. Finalement, cette dernière est minimisée lors du processus de résolution.

```
Modéliser MURDS :

PROCEDURE CreerMachine (MatriceReglage)
        Créer le paramètre associé à la matrice de réglage MatriceReglage
        Créer la machine unique et l'associer au paramètre associé à la matrice de réglage
FIN CreerMachine()

PROCEDURE CreerActivite (TempsEx, TempsDepart, typeA)
        Créer une activité avec un type typeA et un temps d'exécution TempsEx
        Imposer un temps de départ TempsDepart pour cette activité
FIN CreerActivite()

PROCEDURE ModelMURDS(TempsEx, TempsDepart, DatesDue, MatriceReglage)
        CreerMachine (MatriceReglage)
        Définir un tableau T pour les retards associés aux activités
        Définir une variable Tard associée au retard total
        POUR CHAQUE i : 1.. NB_ACTIVITÉS FAIRE
                ACT← CreerActivite (TempsEx, TempsDepart, i)
                T[i]← max(0, ACT.fin - DueDates[i])
        FIN POUR
        Tard ← Somme(T)
        Minimiser (Tard)
FIN ModelMURDS
```

Figure 5-2 : Pseudo-code de la modélisation du problème *MURDS* avec ILOG CP ™

Nous avons décrit dans cette section comment formuler le problème *MURDS* avec ILOG SCHEDULER™ 6.0 [ILOG, 2003a] et ILOG SOLVER™ 6.0 [ILOG, 2003]. En effet, nous avons décrit la formulation de la machine unique, les travaux, les temps de réglage et finalement la fonction objectif. A notre connaissance, cette formulation n'a jamais été effectuée pour ce problème en utilisant les API C++ de ILOG CP ™. Nous traitons, à la section suivante, la conception de l'algorithme de résolution pour le problème *MURDS*.

5.1 Résolution du problème *MURDS* avec ILOG CP™

ILOG CP™ décompose le problème traité en séparant la modélisation du problème et l'algorithme de résolution. Ceci permet de tester plusieurs algorithmes sur un même modèle sans pour autant modifier ce dernier. Dans la section précédente, nous avons modélisé le problème *MURDS* en utilisant la composante ILOG SCHEDULER™ 6.0 [ILOG, 2003a] par l'intermédiaire des API C++ dédiées. Dans cette section, nous abordons la résolution du problème *MURDS* en utilisant les deux composantes ILOG SOLVER™ 6.0 [ILOG, 2003] et ILOG SCHEDULER™ 6.0 [ILOG, 2003a]. Afin de concevoir un algorithme de résolution d'un problème donné avec ces deux composantes, nous devons déterminer un algorithme de recherche et une procédure de parcours de l'arbre de recherche. L'algorithme de recherche représente le *Goal* utilisé pour effectuer la recherche dans l'espace de solutions, tandis que le parcours de l'arbre de recherche la guide durant la résolution. En effet, lors de la résolution, ILOG SOLVER™ 6.0 [ILOG, 2003] utilise un *B&B*. Toutefois, ILOG CP™ offre plusieurs algorithmes de recherche et de parcours d'arbre. Nous déterminons, dans les deux prochaines sections, l'algorithme de recherche et l'algorithme de parcours de l'arbre de recherche pour la conception de l'algorithme de résolution du problème *MURDS*.

5.1.1 Algorithme de recherche

Pour résoudre le problème *MURDS*, le solveur ILOG SOLVER™ 6.0 [ILOG, 2003] et ILOG SCHEDULER™ 6.0 [ILOG, 2003a] sont utilisés. Tel que mentionné précédemment, l'algorithme de résolution pour le problème particulier peut être développé indépendamment de la formulation. Également, tel qu'expliqué à la Section

5.2.2, il faut définir ce qui est appelé un *Goal* pour concevoir un algorithme de résolution avec ILOG SOLVER™ 6.0 [ILOG, 2003]. Celui-ci précise la procédure de recherche dans l'espace des solutions. Pour cela, une instance de la classe IloGoal doit être créée.

ILOG SCHEDULER™ 6.0 [ILOG, 2003a] offre six *Goal* prédéfinis pour modéliser les algorithmes de recherche pour établir un ordonnancement : IloRankBackward, IloRankForward, IloSequenceBackward, IloSequenceForward, IloSetTimesForward et IloSetTimesBackward. Pour la résolution du problème *MURDS*, seulement les deux derniers *Goal* peuvent être utilisés car les autres ne sont utilisés que pour ordonnancer des ressources entre elles et non des activités sur des ressources. Ainsi, nous pouvons utiliser IloSetTimesForward qui affecte des valeurs aux variables représentant les temps de début d'exécution de toutes les activités traitées ou IloSetTimesBackward qui affecte des valeurs aux variables représentant les temps de fin d'exécution de toutes les activités. Concernant ce dernier *Goal*, il faut toutefois définir un horizon d'exécution pour une séquence d'activités. Un horizon d'exécution définit la date de fin d'exécution au plus tard de toutes les activités. Cela permet ainsi de créer une borne supérieure aux temps de fin d'exécution des différentes activités. Pour cela, la classe IloSchedulerEnv, qui groupe tous les paramètres par défaut lors de la modélisation d'un problème d'ordonnancement, est utilisée. Il suffit ensuite d'appliquer la méthode IloSchedulerEnv::setHorizon(IloInt Horizon) qui fixe l'horizon calculé préalablement. Pour ce problème, l'horizon utilisé représente la date de fin d'exécution de la dernière activité en ordonnant toutes les activités en ordre croissant de leurs dates dues respectives. L'horizon pourrait être calculé différemment, notamment en sommant tous les temps d'exécution avec, pour chacun d'eux, le temps de réglage moyen. Cependant, plus les domaines des activités sont restreints, plus la recherche s'en trouve accélérée. De même, il ne faut pas que l'horizon soit trop petit pour ne pas éliminer des solutions potentiellement réalisables en terme de retard total. Ainsi, l'ordre croissant des dates dues se veut une heuristique assurant une borne intéressante.

En utilisant les *Goal* `IloSetTimesForward` et `IloSetTimesBackward`, il est possible de définir l'heuristique d'ordonnancement des variables représentant les temps de début (pour `IloSetTimesForward`) ou de fin (pour `IloSetTimesBackward`) d'exécution des activités à placer dans la séquence, appelée sélectionneurs d'activités (*Activity Selector*). Comme nous l'avons exprimé au début du chapitre, l'ordonnancement des variables à affecter a un rôle très important dans la réduction de l'espace de recherche et, par le fait même, sur le temps de calcul. ILOG SCHEDULER™ 6.0 [ILOG, 2003a] offre également quatre sélectionneurs d'activités prédéfinis. Le premier, `IloSelFirstActMinEndMin`, retourne l'activité qui a le plus petit temps de début et, en cas d'égalité, celle qui a le plus petit temps de fin. Le deuxième, `IloSelFirstActMinEndMax`, retourne l'activité qui a le plus petit temps de début et, en cas d'égalité, celle qui a le plus grand temps de fin. Le troisième, `IloSelLastActMaxStartMax`, retourne l'activité qui a le plus grand temps de début et, en cas d'égalité, celle qui a le plus grand temps de fin. Finalement, `IloSelLastActMaxStartMin` retourne l'activité qui a le plus grand temps de début et, en cas d'égalité, celle qui a le plus petit temps de fin. Ainsi, il est possible d'utiliser huit algorithmes de recherche : 2 *Goal* avec 4 sélectionneurs d'activités. Le Tableau 5-1 présente les résultats obtenus avec ces huit algorithmes où ceux-ci ont été exécutés pendant 2 minutes sur les 32 instances de Rubin et Ragatz [1995] introduites dans le chapitre précédent.

Compte tenu de la dispersion et pour ne pas surcharger les tableaux, les résultats présentés dans ce chapitre fournissent les valeurs des solutions trouvées plutôt que les déviations par rapport aux meilleures solutions connues. Au Tableau 5-1, la colonne PROB définit le nom de l'instance considérée tandis que la colonne OPT fournit les résultats optimaux trouvés par le *B&B* de Bigras *et al.* [2008] pour chaque instance. Les quatre colonnes notées (1) à (4) présentent les résultats des algorithmes utilisant `IloSetTimesForward` comme heuristique d'ordonnancement des variables tandis que les colonnes notées (5) à (8) présentent les résultats des algorithmes utilisant `IloSetTimesBackward`. Les algorithmes des colonnes (1) et (5) utilisent `IloSelFirstActMinEndMax` comme sélectionneur d'activités, les algorithmes des colonnes (2) et (6) utilisent `IloSelFirstActMinEndMin` comme sélectionneur d'activités, les algorithmes des colonnes (3) et (7) utilisent `IloSelLastActMaxStartMin` comme sélectionneur d'activités et, finalement, les algorithmes des colonnes (4) et (8) utilisent `IloSelLastActMaxStartMax`. Pour limiter le temps de recherche d'un algorithme avec ILOG SOLVER™ 6.0 [ILOG, 2003], il faut utiliser la méthode `IloSolver::setTimeLimit()`. Toutefois, avec une limite sur le temps d'exécution, l'algorithme ne retourne pas de solutions lorsque l'optimal n'est pas trouvée. Il faut donc sauvegarder la meilleure solution trouvée en utilisant la méthode `IloSolver::startNewSearch(const IloGoal)` pour exécuter le *Goal*.

Les meilleurs résultats obtenus sont indiqués en zone ombragée au Tableau 5-1. Les cases avec un tiret (-) représentent les cas où l'algorithme n'a pas trouvé de solution. La première constatation concerne l'écart qui s'accroît, avec l'augmentation du nombre d'activités des instances, entre les meilleurs résultats trouvés et les résultats optimaux. Nous remarquons que les résultats des deux algorithmes `IloSetTimesForward` avec `IloSelFirstActMinEndMin` (2) et `IloSetTimesBackward` avec `IloSelLastActMaxStartMin` (7) se distinguent plus particulièrement. En effet, pour les 32 instances, l'algorithme (2) trouve 19 fois les meilleurs résultats tandis que l'algorithme (7) trouve ces résultats à 20 reprises. Si nous comparons plus directement la performance de ces deux algorithmes, nous notons que l'algorithme (2) surpasse l'algorithme (7) à 10 reprises tandis que ce dernier le surpasse à 11 reprises. Il est toutefois difficile de tirer une conclusion sur le meilleur de ces deux algorithmes. Nous avons donc fait évoluer ces deux algorithmes ainsi que les algorithmes (1) et (8) sur une plus longue période de temps.

PROB	OPT	(1)	(2)	(3)	(4)	(5)	(6)	(7)	(8)
401	90	90	90	885	622	656	656	90	90
402	0	0	0	2586	1242	2199	2273	0	0
403	3418	4131	3748	5699	4503	-	4857	3846	3846
404	1067	1725	1421	5278	4288	-	4249	1227	1227
405	0	0	0	184	186	-	95	0	0
406	0	0	0	1979	869	2852	2836	0	0
407	1861	2179	2179	3889	2719	-	3676	2110	2110
408	5660	6652	6652	10511	7539	-	-	6193	6815
501	261	835	516	2085	1325	-	-	312	560
502	0	0	0	3773	1575	-	3778	0	0
503	3497	5590	4179	6924	5519	-	-	4490	4821
504	0	8468	1623	10078	10596	-	-	0	0
505	0	0	0	1720	790	-	1135	0	0
506	0	0	0	5178	4633	5431	5245	0	0
507	7225	9435	8485	16261	9254	-	-	11125	12760
508	1915	7493	5383	12120	8010	-	-	2600	2751
601	12	598	77	5139	1885	-	-	40	37
602	0	0	0	10690	7968	-	10604	0	0
603	17587	21780	20902	31342	24366	-	25110	25315	27015
604	19092	39381	33847	40267	36827	34541	34328	32839	33894
605	228	1874	1087	6488	3061	-	3637	738	1963
606	0	7895	0	13092	7295	-	-	0	0
607	12969	18809	19027	30544	18519	-	-	22567	22596
608	4732	22314	21426	33447	19137	-	23993	11074	11769
701	97	1353	163	11734	3993	-	5357	885	1235
702	0	7279	0	19032	9738	-	-	0	0
703	26506	34501	31875	49659	40553	-	-	39609	39299
704	15206	45157	43720	61741	48087	-	47951	43513	40595
705	200	725	352	9284	5438	5430	4917	1137	3560
706	0	19355	8978	22865	9575	-	14649	0	0
707	23789	34282	33334	52930	35090	-	43994	36431	41807
708	22807	55211	49445	75009	42380	-	-	55688	59737

Tableau 5-1 : Comparaison des heuristiques de sélection d'activités avec 2 minutes de temps de calcul

Le Tableau 5-2 présente les résultats associés aux algorithmes (1), (2), (7) et (8) pour une durée d'exécution de 10 minutes. Nous remarquons que les résultats des algorithmes IloSetTimesForward avec IloSelFirstActMinEndMin (2) et IloSetTimesBackward avec IloSelLastActMaxStartMin (7) se distinguent encore une fois. En effet, sur les 32 instances, l'algorithme (2) trouve les meilleurs résultats à 22 reprises tandis que l'algorithme (7) les trouve à 18 reprises. Si nous comparons plus directement ces deux algorithmes, nous notons que l'algorithme (2) surpasse l'algorithme (7) à 13 reprises tandis que l'algorithme (7) surpasse l'algorithme (2) à 8 reprises. Nous remarquons également que l'algorithme (2) améliore ses résultats par rapport à ceux du Tableau 5-1. En effet, ces résultats sont améliorés de 8.1 % en moyenne avec de nettes améliorations pour les instances 404 (33.18 %), 408 (12.46 %), 601 (127 %) et 706 (90 %). Par contre, les résultats de l'algorithme (7) n'ont pas obtenu de telles améliorations excepté pour l'instance 701. Il est à noter que, plus le nombre d'activités augmente, plus l'écart par rapport à la meilleure solution augmente également. De même, avec plus de temps alloué, cette approche de résolution peut améliorer les résultats trouvés. En effet, si nous analysons les résultats fournis par l'algorithme (2), nous notons des améliorations moyennes de 6.41 %, 0.59 %, 15.88 % et 12.39 % pour les groupes d'instances de 15, 25, 35 et 45 activités, respectivement.

L'algorithme `IloSetTimesForward` avec `IloSelFirstActMinEndMin` (2) est donc choisi comme algorithme de résolution qui semble le plus efficace pour ce groupe de problèmes. Nous devons toutefois déterminer le meilleur algorithme de parcours d'arbre de recherche et l'associé à cet algorithme pour en analyser l'impact.

5.1.2 Parcours de l'arbre de recherche

Pour parcourir l'arbre de recherche, ILOG SOLVER™ 6.0 [ILOG, 2003] utilise par défaut le parcours en profondeur *Depth-First Search* (DFS). Cette méthode explore l'arbre en profondeur de gauche vers la droite. Elle sélectionne, à chaque fois, la feuille gauche non encore visitée jusqu'à la fin de la branche. ILOG SOLVER ™ 6.0 [ILOG, 2003] permet également d'utiliser quatre autres méthodes de parcours d'arbre de recherche : *Best First Search (BFS),   Slice-Based Search (SBS), Depth-Bounded Discrepancy Search (DDS) et Interleaved Depth-First Search (IDFS).*

PROB	OPT	(1)	(2)	(7)	(8)
401	90	90	90	90	90
402	0	0	0	0	0
403	3418	3748	3633	3846	3846
404	1067	1067	1067	1227	1227
405	0	0	0	0	0
406	0	0	0	0	0
407	1861	2126	2126	2110	2110
408	5660	5915	5915	6077	6749
501	261	835	504	312	560
502	0	0	0	0	0
503	3497	5590	4179	4490	4820
504	0	8468	0	0	0
505	0	0	0	0	0
506	0	0	0	0	0
507	7225	8868	8291	10862	11051
508	1915	6978	5383	2600	2600
601	12	368	34	40	32
602	0	0	0	0	0
603	17587	21756	20865	25276	26926
604	19092	39330	33841	32721	33778
605	228	1534	1087	734	1961
606	0	6580	0	0	0
607	12969	18746	18952	22485	22164
608	4732	22314	21426	10889	11070
701	97	1353	163	569	1233
702	0	5919	0	0	0
703	26506	34458	31875	39600	39252
704	15206	45157	43709	43513	40570
705	200	725	333	1123	3560
706	0	17854	4674	0	0
707	23789	34272	32960	36429	41783
708	22807	55051	49373	55464	59737

Tableau 5-2 : Comparaison des heuristiques de sélection d'activités avec 10 minutes de temps de calcul

BFS est décrite dans le livre de Nilsson [1971] et utilise un paramètre ε. Lors de la sélection du prochain nœud à visiter, le solveur détermine l'ensemble des nœuds pour lesquels le coût est inférieur ou égal à ε +1. Si l'enfant du nœud courant se trouve dans cet ensemble, il est alors sélectionné. Dans le cas contraire, le solveur choisit le meilleur nœud parmi ceux à visiter. La méthode IloNodeEvaluator::BFSNodeEvaluator permet d'implémenter cette technique de parcours. Cependant, cette méthode de parcours d'arborescence est difficilement applicable à notre algorithme. En effet, *BFS* nécessite l'utilisation d'une variable pour évaluer chaque nœud visité. Or, comme la fonction objectif du retard total est une variable composée, il est alors impossible d'en faire l'évaluation pendant la phase de résolution [ILOG, 2003]. Pour cette raison, cette méthode de parcours d'arborescence doit être écartée.

SBS [Beck et Perron, 2000] est une méthode de parcours d'arbre de recherche qui utilise la notion de divergence. Une divergence est le fait de faire un choix opposé à celui déterminé par l'heuristique de sélection du nœud. Ainsi, en dégradant une solution localement, il est possible de l'améliorer. Ce type de méthode de recherche est également appelé méthode à divergences limitées [Harvey, 1995]. Les méthodes à divergences limitées (*LDS*) sont des méthodes arborescentes conçues pour la résolution des problèmes combinatoires. Ces méthodes considèrent un schéma de branchement basé sur le concept de divergence afin d'élargir peu à peu le domaine de recherche. Ceci peut être considéré comme une alternative de branchement utilisée dans les procédures de retour en arrière. Les heuristiques d'ordre sur les valeurs ne peuvent éviter de faire certains mauvais choix (choix, pour une variable fixée, d'une valeur ne pouvant contribuer à aucune solution). Par définition même de l'heuristique. *LDS* traite ce problème en favorisant de nouvelles orientations du parcours de l'espace de recherche en autorisant un certain nombre de choix différents du choix initial de l'heuristique (divergences) et en incrémentant ce nombre tant qu'il n'y a pas de solution. *LDS* se base sur l'idée de résoudre un problème en augmentant progressivement le nombre de divergences autorisées. Une divergence est autorisée à chaque fois que la recherche instancie une variable avec une mauvaise valeur. *LDS* commence par explorer le chemin obtenu en suivant exactement les choix privilégiés par l'heuristique et ce chemin correspond à zéro divergence. Si ce chemin ne mène pas vers une solution, la recherche explore les chemins en autorisant une divergence. L'algorithme réitère en augmentant autant que nécessaire le nombre de divergences autorisées jusqu'au nombre maximal possible. *SBS* définit un paramètre *S* et explore d'abord les nœuds à divergences inférieures à *S*. Après avoir parcouru l'ensemble de ces nœuds, il explore ensuite les nœuds à divergences comprises entre *S* et 2*S et ainsi de suite, ce qui permet de diviser l'arbre de recherche en tranches. La méthode

`IloNodeEvaluator::SBSNodeEvaluator` permet d'implémenter cette technique. Nous utilisons cette méthode dans sa forme la plus simple en ne lui donnant que le paramètre d'environnement `IloEnv`.

DDS, introduit par Walsh [1997], est également une méthode de parcours d'arbres de recherche à divergences limitées. Elle fait l'hypothèse que les erreurs sont plus probables dans le haut de l'arbre de recherche que dans le bas. Pour cette raison, cette procédure ne compte pas le nombre de divergences, mais la profondeur de la dernière divergence. ILOG SOLVER ™ 6.0 [ILOG, 2003] implémente une version améliorée de celle de Walsh [1997]. Compte tenu d'un paramètre S, *DDS* va d'abord explorer les nœuds avec une profondeur inférieure à S. Après cette exploration, il explore les nœuds d'une profondeur entre S et $2*S$ et ainsi de suite. De plus, le solveur utilise un autre paramètre P qui permet d'explorer des nœuds à P divergences au-delà de la profondeur spécifiée par le paramètre S. *DDS* est implémenté par la méthode `IloNodeEvaluator::DDSNodeEvaluator`. Nous utilisons cette méthode dans sa forme la plus simple en ne lui donnant que le paramètre d'environnement `IloEnv`.

IDFS, introduit par Meseguer [1997], tente d'imiter le comportement d'une exploration parallèle l'arborescence de recherche. ILOG SOLVER ™ 6.0 [ILOG, 2003] applique une variante qui limite la profondeur de l'arbre. Le reste de la profondeur est parcouru en utilisant *DFS*. Cette méthode de parcours d'arborescence est implémentéepar la méthode `IloNodeEvaluator::IDFSNodeEvaluator`. Pour l'utiliser, il faut passer en paramètre la profondeur maximale à parcourir. Dans notre cas, nous ne limitons pas la profondeur et la méthode parcourt ainsi à chaque fois la totalité d'une branche.

Ces trois méthodes de parcours d'arborescence ont été utilisées avec l'algorithme `IloSetTimesForward` avec `IloSelFirstActMinEndMin` (2) de recherche retenu à la Section 5.1.1. Le Tableau 5-3 présente les résultats obtenus avec 10 minutes de temps d'exécution. La colonne *DFS* reprend les résultats de l'algorithme (2) du Tableau 5-2 avec un parcours *DFS* puisqu'il s'agit du schéma de parcours d'arborescence par défaut de ILOG SOLVER ™ 6.0 [ILOG, 2003]. Les autres colonnes présentent les résultats pour les autres méthodes de parcours de l'arborescence utilisée. Les meilleurs résultats trouvés sont présentés en zone ombragée.

PROB	OPT	DFS	DDS	SBS	IDFS
401	90	90	90	90	90
402	0	0	0	0	0
403	3418	3633	3418	3418	3443
404	1067	1067	1067	1067	1067
405	0	0	0	0	0
406	0	0	0	0	0
407	1861	2126	1861	1861	1898
408	5660	5915	5736	5712	5773
501	261	504	446	345	430
502	0	0	0	0	0
503	3497	4179	3877	3885	4098
504	0	0	1254	1150	803
505	0	0	0	0	0
506	0	0	0	0	0
507	7225	8291	7598	7627	7716
508	1915	5383	3431	3488	3407
601	12	34	137	17	34
602	0	0	0	0	0
603	17587	20865	18729	18692	18971
604	19092	33841	24119	25249	25666
605	228	1087	680	634	605
606	0	0	924	0	449
607	12969	18952	15259	15291	15488
608	4732	21426	12646	13557	12021
701	97	163	141	116	131
702	0	0	0	0	0
703	26506	31875	28713	29035	29577
704	15206	43709	30747	31977	30736
705	200	333	532	316	316
706	0	4674	2459	1327	2803
707	23789	32960	28633	28172	28811
708	22807	49373	37723	38112	36998

Tableau 5-3 : Comparaison des algorithmes de parcours d'arborescence

L'analyse des résultats du Tableau 5-3 montre que *SBS* s'avère la méthode qui obtient le meilleur résultat le plus grand nombre de fois, et ce, à 22 reprises. Pour leur part, *IDFS*, *DDS* et *DFS* trouvent la meilleure solution respectivement à 17, 16 et 12 reprises. Il est à noter également que concernant les petites instances de 15 travaux, *SBS* et *DDS* trouvent 7 fois la solution optimale. De même, la moyenne de déviation par rapport à l'optimum sur les 32 instances est de 58.93 %, 63.52 %, 30.5 % et 41.6 % pour *DFS*, *DDS*, *SBS* et *IDFS*, respectivement.

Au Tableau 5-4, nous comparons les moyennes de déviations pas rapport à l'optimum pour les groupes d'instances. Nous notons, que *SBS* a la meilleure moyenne pour tous les groupes d'instances de 15, 25, 35 et 45 activités. Nous notons toutefois, que mis à part le groupe d'instance de 15 activités, les déviations sont larges et notamment pour celles du groupe d'instances de 35 activités.

Instances	DFS	DDS	SBS	IDFS
4**	3,13	0,17	0,11	0,59
5**	38,56	20,76	16,37	20,83
6**	131,86	182,20	57,83	70,56
7**	62,16	50,96	35,37	36,26

Tableau 5-4 : Comparaison des moyennes de déviations par rapport à l'optimum pour les groupes d'instances

Au Tableau 5-5, nous comparons les temps de calcul, en secondes, des deux algorithmes *DDS* et *SBS* pour les sept instances résolues à l'optimum. Sur les 7 instances, *SBS* trouve la solution optimale 5 fois plus rapidement que *DDS* et avec un écart inférieur à 0.05 seconde pour l'une des deux séquences restantes.

PROB	OPT	DDS	SBS
401	90	1.26	2.1
402	0	0.19	0.16
403	3418	332.33	244.68
404	1067	181.24	137.7
405	0	0.07	0.02
406	0	0.11	0.08
407	1861	38.32	128.9

Tableau 5-5 : Comparaison des temps de calcul de DDS et SBS

Dans la suite de ce chapitre, l'algorithme de résolution utilisera `IloSetTimesForward` comme *Goal*, la procédure de sélection d'activité sera `IloSelFirstActMinEndMin` et *SBS* sera la méthode de parcours d'arborescence. Cet algorithme est noté *FMMSBS*.

Le Tableau 5-6 présente les résultats de l'algorithme *FMMSBS* pour les instances proposées par Gagné *et al.* [2002]. La colonne MS fournit les meilleurs résultats trouvés jusqu'ici. L'algorithme *FMMSBS* ne trouve la meilleure solution que sur deux instances (en ombragé). Sur les autres, il donne des résultats avec de larges écarts. Si nous omettons les instances pour lesquelles les solutions optimales sont à 0 et où l'algorithme *FMMSBS* ne trouve pas cette valeur (instances 552, 555, 652,655, 656, 752, 755, 852 et 855), alors la moyenne de déviations par rapport à la meilleure solution est de 190 %.

PROB	MS	FMMSBS
551	183	884
552	0	6740
553	40540	45425
554	14653	38885
555	0	84
556	0	0
557	35813	41068
558	19871	48022
651	268	2342
652	0	4078
653	57569	65661
654	34301	69380
655	2	1003
656	0	2670
657	54895	64262
658	27114	64824
751	241	2653
752	0	12977
753	77663	88789
754	35200	85387
755	0	0
756	0	23203
757	59735	73739
758	38339	93820
851	384	2900
852	0	14928
853	97642	109694
854	79278	148264
855	283	1590
856	0	9367
857	87244	103374
858	74785	129186

Tableau 5-6 : Résultats de l'algorithme FMMSBS retenu pour les grandes instances

Toujours en omettant ces instances, la moyenne de déviation est de 143 %, 209 %, 200 % et 270 % pour les groupes d'instances de 55, 65, 75 et 85 activités. Concernant les instances omises pour le calcul de ces déviations, les écarts sont encore plus larges, à titre d'exemple, pour l'instance 852, l'algorithme *FMMSBS* trouve 14928 pour une meilleure solution égale à 0.

Au vue de ces résultats, nous pouvons conclure que ce type d'approche de résolution a de sérieuses lacunes dans le cas où la taille des instances dépasse une dizaine d'activités. En effet, l'algorithme *FMMSBS* ne peut résoudre à l'optimum que 7 des instances à 15 travaux en un temps raisonnable. Au-delà de cette taille d'instance, les déviations augmentent exponentiellement avec l'augmentation de la taille du problème. À titre d'exemple, ces écarts dépassent 200 % pour des instances de 65 travaux.

5.1 Conclusion

Dans ce chapitre, une modélisation et un algorithme de résolution ont été proposé pour le problème *MURDS* en utilisant la plateforme ILOG CP™ et plus précisément deux de ses composants : ILOG SCHEDULER™ 6.0 [ILOG, 2003a] et ILOG SOLVER™ 6.0 [ILOG, 2003]. Le tout s'est fait par l'intermédiaire des API C++ dédiées.

Nous avons tout d'abord décrit le fonctionnement de ces deux composants. Ensuite, nous avons formulé le problème *MURDS* en modélisant les différents composants du problème : machine, travaux, temps de réglages et fonction objectif. A notre connaissance, cette formulation n'a jamais été effectuée pour ce problème en utilisant les API C++ de ILOG CP ™. Ceci constitue la deuxième contribution de cette thèse et a fait l'objet d'une publication dans Sioud *et al.* [2010]. La conception de l'approche de résolution s'est faite, quant à elle, de manière itérative par la définition du *Goal*, du sélectionneur d'activités et de la méthode de parcours de l'arborescence. Nous avons pu déterminer que le meilleur algorithme de résolution, noté *FMMSBS*, utilise `IloSetTimesForward` comme *Goal*, `IloSelFirstActMinEndMin` comme procédure de sélection d'activité et *SBS* comme méthode de parcours d'arborescence.

Concernant les résultats obtenus pour les instances de Rubin et Ragatz [1995], l'algorithme *FMMSBS* a pu résoudre 16 des 32 instances à l'optimalité avec dix minutes de temps d'exécution. Pour les autres instances, d'importants écarts sont observés. En ce qui concerne les instances de Gagné *et al.* [2002], les résultats trouvés, toujours avec dix minutes d'exécution, donnent de grands écarts par rapport à la meilleure solution connue. Nous pouvons ainsi conclure, pour les deux groupes d'instances, que les résultats sont généralement très loin des meilleures solutions connues et que les temps de calculs sont prohibitifs.

Pour les grandes instances, le comportement de l'algorithme *FMMSBS* était prévisible vu la nature *NP-difficile* du problème *MURDS*. Ce comportement est commun à toutes les méthodes exactes traitant ce genre de problème. Nous avons toutefois constaté des performances intéressantes pour cette méthode sur de petites instances, ce qui permet d'envisager l'hybridation de cette méthode avec d'autres méthodes de résolution. En effet, *FMMSBS* pourrait être utilisé pour résoudre des sous-problèmes de petites tailles dans un temps raisonnable et ainsi agir comme processus d'intensification dans une hybridation. Toutefois, l'appel à l'ordonnancement basé sur les contraintes doit se faire avec parcimonie compte tenu de l'augmentation des temps de calcul avec l'augmentation de la taille de l'instance traitée. Cette idée est exploitée dans la première partie du prochain chapitre où l'ordonnancement basé sur les contraintes est hybridé avec l'*AG* présenté au Chapitre 4.

CHAPITRE 6

ALGORITHMES HYBRIDES POUR RÉSOUDRE LE

PROBLÈME *MURDS*

6.1 Introduction

Nous avons proposé au Chapitre 4 un algorithme génétique permettant de résoudre le problème *MURDS*. Les expérimentations numériques ont montré que celui-ci offre un bon processus de diversification en utilisant les caractéristiques du problème, notamment la conservation de l'ordre relatif et absolu. En effet, ces caractéristiques sont utilisées au niveau de l'opérateur de croisement *RMPX* ainsi que par les heuristiques de construction de la population initiale. Toutefois, nous avons remarqué que la relaxation du critère d'arrêt, qui dans ce cas est le nombre de générations, a permis à l'algorithme génétique proposé d'améliorer sensiblement les résultats sur les deux groupes d'instances. Cependant, nous avons observé également une convergence de l'algorithme sur plusieurs instances sans réussir à trouver la meilleure solution. Ceci laisse à penser que l'intégration de processus d'intensification permettrait d'améliorer encore davantage les performances. Ce genre d'intégration, communément appelée hybridation, représente une avenue de recherche très prometteuse pour laquelle on peut citer plusieurs travaux dans la littérature [Blum et Roli, 2001; Talbi, 2002; Basseur, 2004; Hnich *et al.*, 2004; Blum *et al.*, 2005; Talbi *et al.*, 2007; Talbi, 2009].

En général, l'hybridation consiste à combiner deux ou plusieurs méthodes de résolution de problèmes d'optimisation combinatoire en un unique algorithme. Les approches hybrides, en particulier les métaheuristiques hybrides, gagnent maintenant en popularité car ce type d'algorithme produit généralement les meilleurs résultats pour plusieurs problèmes d'optimisation combinatoire [Talbi, 2002; Talbi *et al.*, 2007]. En effet, selon Talbi [2009], les approches hybrides ont permis d'obtenir de très bons résultats dans une grande variété de problèmes théoriques d'optimisation combinatoire tels le problème du voyageur de commerce, le problème de coloration de graphe, le problème d'affectation quadratique, le problème de tournée de véhicules, le séquençage d'*ADN* ou encore le calcul des trajectoires des satellites. Les approches hybrides sont apparues en même temps que le paradigme lui-même, mais la plupart des chercheurs n'y accordaient, au début, que peu d'intérêt [Cotta *et al.*, 2005]. Les premières approches hybrides ont combiné, pour la plupart, des métaheuristiques à base de populations (comme les algorithmes génétiques) avec des métaheuristiques à solution unique (comme la recherche avec tabous). Selon Blum et Roli [2001] et Blum *et al.* [2005], l'hybridation de métaheuristiques est la voie la plus prometteuse pour l'amélioration de la qualité des solutions dans beaucoup d'applications réelles.

Récemment, plusieurs chercheurs ont proposé des hybridations impliquant des métaheuristiques et des méthodes exactes [Basseur, 2004; Talbi *et al.*, 2007; Talbi, 2009]. Étant donné que les méthodes exactes se limitent généralement à de petites instances pour les problèmes d'optimisation combinatoire difficiles, tel que décrit précédemment, l'hybridation de métaheuristiques et de méthodes exactes peut devenir une alternative très intéressante car les deux méthodes ont des particularités bien différentes qui peuvent être associées pour produire de meilleurs résultats [Basseur, 2004]. Malheureusement, selon d'autres chercheurs, ce type d'hybridation n'est pas une tâche aisée autant pour des raisons culturelles que technologiques [Hnich *et al.*, 2004]. En effet, les deux domaines de recherche ont longuement été rivaux en cherchant à prouver leur supériorité respective. De plus, dans la dernière décennie, l'utilisation des méthodes exactes a été fortement encouragée avec l'apparition de nombreux solveurs commerciaux [Freuder et Wallace, 2000; Yunes *et al.*, 2010]. Cependant, les chercheurs et décideurs en entreprises ont émis plusieurs difficultés quant à l'interaction entre ces solveurs et les applications connexes [Hnich *et al.*, 2004; Yunes *et al.*, 2010].

Dans ce chapitre, nous proposons d'explorer certaines stratégies d'hybridation permettant de renforcer la performance de l'algorithme génétique proposé au Chapitre 4 pour résoudre le problème *MURDS*. Ce présent chapitre est réparti comme suit : la Section 6.2 présente les principales classifications des stratégies d'hybridation de métaheuristiques et de méthodes exactes. Plus spécifiquement, nous définissons les concepts d'hybridations collaborative et intégrative. La Section 6.3 présente une proposition de stratégie d'hybridation collaborative pour le problème *MURDS* impliquant l'algorithme génétique du Chapitre 4 et l'algorithme d'ordonnancement basé sur les contraintes du Chapitre 5. Pour sa part, la Section 6.4 présente une proposition de stratégie d'hybridation intégrative impliquant l'algorithme génétique du Chapitre 4 et les concepts de domaine de positions associé à un travail de la programmation par contraintes et de construction par une règle de transition de l'optimisation par colonie de fourmis. Finalement, la dernière section présente quelques conclusions et remarques.

6.2 Classification des stratégies d'hybridation de métaheuristiques et de méthodes exactes

Plusieurs chercheurs ont tenté de remédier aux lacunes et limites des métaheuristiques, pour certains problèmes, en modifiant leur fonctionnement classique [Blum et Roli, 2001; Talbi, 2002; Basseur, 2004; Hnich *et al.*, 2004; Blum *et al.*, 2005; Talbi *et al.*, 2007; Talbi, 2009]. En effet, pour améliorer l'efficacité de ces méthodes, les chercheurs ont utilisé des variantes de métaheuristiques et également des hybridations [Cotta *et al.*, 2005]. Dans le cas de la résolution de problèmes d'optimisation combinatoire, les chercheurs ont accordé, tout d'abord, peu d'intérêt à l'hybridation des métaheuristiques [Cotta *et al.*, 2005]. Toutefois, les méthodes hybrides ont rapidement gagné du terrain en réussissant à produire les meilleurs résultats pour de nombreux problèmes [Blum et Roli, 2001; Talbi, 2002; Basseur, 2004; Hnich *et al.*, 2004; Blum *et al.*, 2005; Talbi *et al.*, 2007; Talbi, 2009].

On peut classifier les différentes hybridations selon la taxonomie proposée par Talbi [2002]. Cette dernière comporte deux niveaux : une classification hiérarchique qui permet d'identifier la structure de l'hybridation et une classification générale qui spécifie les détails des algorithmes impliqués dans l'hybridation. La classification hiérarchique se subdivise en deux classes: une hybridation de bas et de haut niveau. Une hybridation est dite de bas niveau lorsqu'une fonction d'une métaheuristique est remplacée par une autre métaheuristique. On obtient une hybridation de haut niveau lorsque deux métaheuristiques sont hybridées sans que leur fonctionnement interne ne soit en relation. De plus, chacune des deux classes d'hybridation précédentes se subdivise en deux sous-classes : à relais et co-évolutionnaire. Lorsque les métaheuristiques sont exécutées de façon séquentielle, l'une utilisant le résultat de la précédente comme entrée, on a une hybridation à relais. L'hybridation co-évolutionnaire se fait lorsque des agents coopèrent en parallèle pour explorer l'espace de solutions. D'autre part et selon la classification générale de la taxonomie de Talbi [2002], une hybridation peut être homogène ou hétérogène, globale ou partielle et spécialisée ou générale. Une hybridation est dite hétérogène lorsque les métaheuristiques combinées sont différentes. Une hybridation est dite partielle lorsqu'elle décompose un problème en sous-problèmes ayant leur propre espace de solutions, et que chaque sous-problème est résolu par un algorithme. Finalement, les hybridations générales sont celles où tous les algorithmes hybridés résolvent le même problème d'optimisation.

L'intégration des métaheuristiques et des méthodes exactes a fait ses preuves au cours des dernières années et spécialement pour les problèmes réels [Ginsberg, 1993; Freuder *et al.*, 1995; Harvey, 1995; Glover et Laguna, 1997]. Il existe plusieurs classifications impliquant des métaheuristiques et des méthodes exactes. Parmi ces classifications, nous pouvons citer, sans être exhaustif, la classification de Dimistrescu et Stützle [2003], Basseur [2004] ou encore celle de Puchinger et Raidl [2005].

Dans leur classification, Dimistrescu et Stützle [2003] décrivent cinq types d'approches d'hybridation impliquant des métaheuristiques et des méthodes exactes. Pour chaque approche d'hybridation, un problème de la littérature est étudié à titre d'illustration. Cependant, pour la plupart, les approches impliquées sont la recherche avec tabous ou la recherche locale. La classification proposée par les auteurs sépare les approches selon la méthode utilisée pour l'hybridation. Les cinq classes proposées par Dimistrescu et Stützle [2003] regroupent les approches utilisant:

- un algorithme exact pour explorer de larges voisinages dans un algorithme de recherche locale;
- une méthode heuristique pour réduire l'espace de recherche de la méthode exacte;
- les bornes de la méthode exacte pour une heuristique constructive;
- les informations fournies par les relaxations des formulations de programmation linéaire pour orienter un algorithme de recherche locale ou constructif; et
- une méthode exacte pour remplacer une fonction spécifique de la métaheuristique.

Dans sa thèse de doctorat, Basseur [2004] propose une classification plus détaillée pour catégoriser les méthodes hybridant les métaheuristiques et les méthodes exactes. Cette classification s'inspire de la taxonomie proposée par Talbi [2002], décrite plus haut, pour classifier les métaheuristiques hybrides selon leur niveau d'hybridation.

Pour leur part, Puchinger et Raidl [2005] proposent une classification axée sur l'hybridation de méthodes exactes et approximatives. Les méthodes hybrides sont divisées en deux catégories : les hybridations collaboratives et intégratives. Les algorithmes qui échangent des informations de façon séquentielle, parallèle ou entrelacée entrent dans la catégorie des hybridations collaboratives. Les algorithmes à hybridation intégrative font en sorte qu'une technique est un composant incorporé d'une autre technique.

Nous retrouvons dans la littérature plusieurs travaux qui ont traité plus particulièrement l'hybridation impliquant la programmation par contraintes [Pesant et Gendreau, 1996; Backer et al., 2000; Focacci et al., 2002]. Une description de ce type d'hybridation est détaillée dans Focacci et al. [2002]. Il existe trois approches pour hybrider des métaheuristiques et des méthodes exactes :

- une métaheuristique et une méthode exacte sont exécutées séquentiellement (une ou plusieurs fois). Ainsi, la métaheuristique est exécutée pour produire une solution utilisée comme une borne pour la méthode exacte. Inversement, cette dernière est exécutée pour produire une solution partielle qui est complétée par la métaheuristique;

- la métaheuristique utilise la méthode exacte (programmation par contraintes ou méthode de recherche par arborescence telle le *B&B*) pour améliorer l'efficacité de recherche dans le voisinage au lieu de le faire aléatoirement ou de l'énumérer; et

- les concepts ou les stratégies d'une classe d'algorithmes sont introduits dans une autre. Par exemple, il est possible d'utiliser la notion de liste taboue ou de critère d'aspiration de la recherche avec tabous pour gérer la liste des nœuds non encore explorés dans une arborescence de recherche.

La première approche, ainsi que la seconde, peuvent être considérées comme une instance d'une hybridation coopérative selon la classification de Puchinger et Raidl [2005], mais présente peu d'intégration entre les deux méthodes. De plus, la deuxième approche combine l'avantage de la rapidité d'exploration d'une métaheuristique avec l'efficacité d'exploration d'un voisinage d'une méthode exacte. Nous trouvons de telles hybridations, par exemple, dans la « recherche dans un large voisinage » (*Large Neighborhood Search*) [Shaw, 1998; Caseau et Laburthe, 1999]. L'efficacité de ces approches augmente considérablement avec l'augmentation du voisinage à explorer. Malheureusement, plusieurs problèmes réels ont des contraintes additionnelles qui ne permettent pas l'exploration usuelle du voisinage effectuée par les métaheuristiques. En effet, ces dernières ne vont qu'énumérer les solutions. Par exemple, les problèmes à contraintes reliées aux fenêtres de temps ont un nombre de solutions réalisables très réduit dans le voisinage, ce qui rend une recherche locale inefficace pour ce genre de problème. En revanche, le filtrage de domaine supporte l'exploration de tels voisinages.

La troisième approche, qui peut être considérée comme une instance d'une hybridation intégrative selon la classification de Puchinger et Raidl [2005], préserve dans certains cas l'exploration du voisinage basée sur une recherche systématique (arborescence) mais sacrifie l'exhaustivité de la recherche [Ginsberg, 1993; Harvey, 1995; Milano et Roli, 2002]. L'hybridation est généralement effectuée en intégrant des concepts associés aux métaheuristiques (choix probabilistes, critère d'aspiration, construction heuristique) dans une recherche en arborescence telle le retour en arrière chronologique décrit à la Section 3.3.1.2 où le choix du retour en arrière peut être aléatoire ou encore calculé par une métaheuristique. Il est également possible d'introduire le côté aléatoire dans la recherche systématique des méthodes exactes [Gomes *et al.*, 2000; Focacci *et al.*, 2002; Dell'Amico *et al.*, 2004]. Étant donné que la classification de Puchinger et Raidl [2005] semble être plus générale et intègre celle de Focacci *et al.* [2002], elle est donc utilisée dans la suite de ce travail de recherche.

Dans les sections suivantes, deux propositions d'algorithmes génétiques hybrides sont présentées : un algorithme hybride collaboratif et un algorithme hybride intégratif pour résoudre le problème *MURDS*.

120

Ces hybridations sont généralement utilisées pour améliorer la performance et le comportement des métaheuristiques. En contrepartie, des écarts considérables entre le temps de calcul des approches hybrides et ceux des métaheuristiques originelles sont généralement observés [Blum et Roli, 2001; Focacci *et al.*, 2002; Talbi, 2002; Dumitrescu et Stützle, 2003; Basseur, 2004; Blum *et al.*, 2005; Puchinger et Raidl, 2005; Talbi *et al.*, 2007]. D'un autre côté, les schémas d'hybridation entre les méthodes exactes et les métaheuristiques proposent des perspectives de recherche très prometteuses [Talbi, 2002; Blum *et al.*, 2005; Jourdan *et al.*, 2009; Talbi, 2009]. C'est dans cet ordre d'idées que, dans les prochaines sections, nous proposons des hybridations où les concepts introduits vont primer davantage sur la rapidité de calculs pour l'évaluation de la performance des algorithmes proposés.

6.3 Algorithme génétique hybride collaboratif

Dans cette section, une hybridation impliquant l'algorithme génétique défini au Chapitre 4 et l'approche d'ordonnancement basé sur les contraintes défini au Chapitre 5 est proposée. Nous rappelons au lecteur que l'approche d'ordonnancement basé sur les contraintes n'a jamais été utilisée pour solutionner le problème *MURDS* en utilisant les API C++. Il s'en suit que l'hybridation impliquant cette approche est elle-même novatrice. La stratégie d'hybridation introduite dans cette section vise à intégrer, en deux temps, l'approche de résolution par l'ordonnancement basé sur les contraintes. Dans un premier temps, l'approche de résolution par programmation par contraintes est introduite lors du processus de croisement de l'algorithme génétique pour ainsi créer un croisement hybride. Dans un deuxième temps, cette approche est intégrée lors de la phase d'intensification de l'algorithme génétique. Concernant le type d'hybridation, l'algorithme proposé échange des informations de façon entrelacée au niveau de l'opérateur de croisement et est séquentielle au niveau du processus d'intensification.

En se basant sur les résultats présentés au Chapitre 4 et les travaux de Rubin et Ragatz [1995], il est important d'utiliser des mécanismes ayant la capacité de préserver à la fois l'ordre absolu et l'ordre relatif lors de la résolution du présent problème *MURDS*. C'est dans cette optique qu'une hybridation collaborative au niveau d'un opérateur de croisement hybride noté CH_{CBS} et au niveau d'une phase d'intensification au sein de l'*AG* présenté au Chapitre 4 est proposée dans cette section. Le croisement hybride CH_{CBS}, défini à la section suivante, possède la caractéristique de conserver l'ordre relatif, alors que la phase d'intensification décrite à la Section 0 préserve, quant à elle, l'ordre absolu.

6.3.1 Opérateur de croisement hybride

Pour le problème *MURDS*, il n'existe pas de contraintes de précédence entre les travaux tel que rencontrés dans certains cas de problèmes d'ateliers sériels à cheminement simple ou à cheminements multiples. D'un autre côté, nous avons décrit au Chapitre 3 que l'adjonction de contraintes de précédence entre les activités améliore considérablement la performance de l'ordonnancement basé sur les contraintes. Le fonctionnement de l'opérateur de croisement hybride CH_{CBS} consiste en l'adjonction de contraintes de précédence entre les travaux au modèle de l'ordonnancement basé sur les contraintes présenté au Chapitre 5. Ainsi, l'opérateur de croisement CH_{CBS} permet de préserver l'ordre relatif à l'instar de l'opérateur de croisement *PPX* proposé par Bierwirth *et al.* [1996].

Pour expliquer le fonctionnement de cet opérateur, considérons les deux parents *P1* et *P2* présentés à la Figure 6-1. Dans une première étape, tout en parcourant les deux parents, nous récupérons toutes les contraintes de précédence directes entre deux activités successives. Par exemple, l'activité 4 suit directement l'activité 6 dans les deux parents (en gris clair) et il en est de même pour les activités 5 et 7 (en gris). Ces deux contraintes sont utilisées dans la suite du processus. À la deuxième étape du croisement hybride, l'approche d'ordonnancement basé sur les contraintes présentée au Chapitre 5 tente de résoudre le problème tout en ajoutant les contraintes de précédence issues de l'étape précédente et une borne supérieure de la valeur du retard total. Cette borne représente la valeur de la meilleure solution trouvée jusqu'ici par l'*AG* et permet d'élaguer plus rapidement les mauvaises solutions pendant la phase de résolution. Il convient de rappeler au lecteur que ILOG SOLVER™ 6.0 utilise un algorithme de *Branch and Bound* lors de la résolution d'un problème donné [ILOG, 2003]. De plus, l'approche d'ordonnancement basé sur les contraintes utilise l'un des deux parents comme solution de départ dans le processus de résolution.

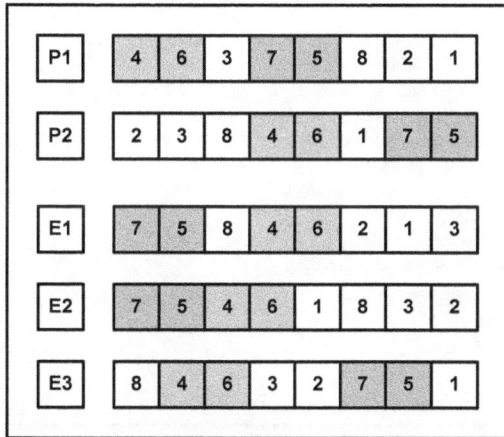

Figure 6-1: Fonctionnement du croisement CH_{CBS}

Ainsi, pour l'exemple de la Figure 6-1, les deux contraintes "4 directement avant 6" et "7 directement avant 5", qui préservent une partie de l'ordre relatif, sont propagées lors de la phase de résolution. Les trois enfants E1, E2 et E3 à la Figure 6-1 représentent des exemples de solutions potentielles après l'application de CH_{CBS} à partir des contraintes de précédence directes issues de *P1* et *P2*.

La Figure 6-2 présente le pseudo-code illustrant le fonctionnement du croisement hybride CH_{CBS}. L'ensemble des contraintes de précédence directes communes aux deux parents est ajouté au modèle d'ordonnancement basé sur les contraintes ainsi que la meilleure solution connue de l'algorithme comme borne supérieure. Si le solveur ne retourne aucune solution à la fin du temps qui lui est alloué, alors l'enfant est généré par l'une des heuristiques constructives utilisées lors de la phase de construction de la population initiale de l'algorithme génétique et proposées à la Section 4.2.3.

```
AG              /* Algorithme génétique intégrant le croisement hybride */
P1,P2           /* Parents en entrée du croisement hybride */
MOD_OBC         /* modèle d'ordonnancement basé sur les contraintes */
B_obj           /* Meilleure valeur de la fonction objectif trouvée */
Temps_MAX       /* Temps maximal alloué au solveur */
H1, H2          /* Heuristiques pseudo aléatoire de la population initiale */
Parcourir P1 et P2 et déterminer l'ensemble E_cp des contraintes de
précédence directes communes à P1 et P2 entre deux travaux successifs.
Ajouter E_cp à MOD_OBC
Ajouter la borne B_obj à MOD_OBC
Exécuter MOD_OBC pendant Temps_MAX
S <- MOD_OBC
SI S = Ø ALORS
    S = H1 || H2
FIN SI
Retourner S à AG
```

Figure 6-2: Pseudo-code du croisement hybride CH_{CBS}

Il est à noter, qu'en plus du temps $Temps_{MAX}$ accordé au solveur, le croisement hybride CH_{CBS} calcule, à chaque appel, l'ensemble E_{cp} des contraintes de précédence directes communes aux parents *P1* et *P2*. Ceci entraîne un temps de calcul additionnel pour l'algorithme génétique. La considération de contraintes de précédence indirectes n'est pas traitée dans ce travail en raison d'une augmentation importante du temps de calcul. Finalement, l'opérateur de croisement hybride CH_{CBS} est appliqué avec une probabilité p_{CH}.

6.3.2 Processus d'intensification

L'intégration d'un processus d'intensification au sein d'un algorithme génétique a été appliqué dans plusieurs domaines de recherche avec succès [Focacci *et al.*, 2002; Talbi, 2002; Talbi, 2009]. L'incorporation d'heuristiques et/ou d'autres approches, telles les méthodes exactes en général et la programmation par contraintes en particulier, peut être effectuée au niveau de la phase d'initialisation d'un *AG* pour générer des individus de bonne qualité au sein de la population initiale et/ou pendant la phase de reproduction pour améliorer la qualité des enfants générés.

Nous proposons, dans cette section, un processus d'intensification pour l'algorithme génétique proposé au Chapitre 4 qui intègre l'approche de résolution par l'ordonnancement basé sur les contraintes proposé au Chapitre 5. Celui-ci est appliqué pendant la phase de reproduction afin d'améliorer la qualité des enfants générés dans un espace de recherche spécifique. Il est à noter qu'il n'existe que quelques travaux traitant ce genre d'hybridation dans la littérature [Puchinger et Raidl, 2005; Talbi, 2009]. Nous proposons, dans ce qui suit, deux processus distincts d'intensification : le premier optimise le retard total alors que le deuxième optimise le *Makespan*. L'introduction du *Makespan* et le choix de ces deux processus sont justifiés et expliqués dans les deux prochaines sous-sections.

6.3.2.1 *Processus d'intensification optimisant le retard total*

L'idée de base utilisée pour appliquer le processus d'intensification consiste à fournir à l'approche de programmation par contraintes proposé au Chapitre 5 une sous-séquence de travaux afin de l'optimiser tout en tenant compte du reste de la séquence. Plus précisément, lors de la phase de croisement, après avoir généré un enfant E à partir de deux parents $P1$ et $P2$, une sous-séquence de longueur $n - \alpha$ de l'enfant E est traitée par le solveur en fixant les α autres travaux de la séquence. Le paramètre α est à déterminer. Ainsi, l'ordre absolu est préservé pour la partie du chromosome fixé. Ce processus d'intensification est noté INT_{RET}.

L'efficacité de ce processus d'intensification dépend donc essentiellement de deux éléments : la longueur de la sous-séquence $Long_{MAX}$ $(n-\alpha)$ et le temps alloué au solveur $Temps_{MAX}$ pour la traiter. En effet, si $Long_{MAX}$ est trop petit, aucune amélioration de la fonction objectif peut être observée. En revanche, si $Long_{MAX}$ est trop grand, le solveur peut manquer de temps pour terminer entièrement l'optimisation de cette sous-séquence.

Dans le but d'améliorer la performance du processus d'intensification INT_{RET}, la meilleure valeur du retard total trouvée jusqu'ici est passée au solveur comme contrainte supplémentaire afin d'élaguer plus rapidement les branches de l'arbre de recherche et en accélérer le traitement.

6.3.2.2 *Processus d'intensification optimisant le Makespan*

Nous avons remarqué que les résultats des différentes versions de l'algorithme génétique présentés à la Section 4.3 avaient des écarts importants avec le TABOU/VNS principalement pour les instances de type **1 et **5. Ces deux types d'instance ont deux caractéristiques en commun : un domaine de retard restreint et un facteur de retard bas. Nous avons remarqué, en examinant les solutions optimales associées à ces instances, qu'il y a moins de 20 % de l'ensemble des travaux qui sont en retard et que ceux-ci se retrouvent généralement à la fin de séquence. Ainsi, en supposant que l'algorithme génétique amène ces travaux en retard en fin de la séquence, il est alors judicieux d'ordonnancer les travaux du début de la séquence en minimisant leur temps de fin d'exécution. De ce fait, les retards des travaux en fin de séquence sont ainsi diminués. Le problème étudié devient alors un problème de voyageur de commerce asymétrique $1 \mid s_{ij} \mid C_{\max}$. D'un autre côté, Bigras *et al.* [2008] ont également utilisé la similarité du problème $1 \mid s_{ij} \mid C_{\max}$ avec le problème $1 \mid s_{ij} \mid \sum T_j$ pour résoudre ce dernier en utilisant des relaxations lagrangiennes. La formulation du problème $1 \mid s_{ij} \mid C_{\max}$ par l'approche d'ordonnancement basé sur les contraintes est toutefois différente de celle du problème $1 \mid s_{ij} \mid \sum T_j$ présentée à la Section 5.3. Toutefois, il suffit de modifier la définition de la fonction objectif en introduisant tout d'abord la variable Cmax de type IloNumVar qui représente le *Makespan*. Ensuite, à la création de toute activité A_i, une contrainte est introduite pour imposer une date de fin inférieure à Cmax à l'aide de la méthode IloActivity::endsBefore(). Enfin, une contrainte qui minimise la variable Cmax avec la méthode IloMinimize (IloNumVar) est ajoutée.

Le processus d'intensification impliquant cette nouvelle formulation est noté INT_{CMAX} et fonctionne de la même manière que INT_{RET}. Après avoir appliqué le croisement *RMPX*, une sous-séquence de longueur $n - \alpha$ est traitée par le solveur. De même, pour améliorer la performance du processus d'intensification, la valeur initiale du *Makespan* de la séquence est fournie au solveur pour élaguer le plus rapidement l'arbre de recherche.

126

Comme dans le cas de CH_{CBS}, les processus d'intensification INT_{RET} et INT_{CMAX} peuvent ne pas retourner de solutions dans le temps imparti. Dans ce cas, les individus originaux sélectionnés sont retournés à l'AG.

La Figure 6-3 illustre le fonctionnement du processus d'intensification impliquant INT_{RET} et INT_{CMAX}. À chaque génération, un enfant est sélectionné par tournoi binaire avec une probabilité p_{IP}. Ensuite, suite à des tests expérimentaux, α positions contigües sont fixées avec $n*0.2 \leq \alpha \leq n*0.8$ où n est le nombre de travaux à traiter. Ainsi, la taille de la sous-séquence fournie au solveur $Long_{MAX}$ est variable dans l'intervalle $n*0.2 < Long_{MAX} < n*0.8$. Finalement, l'un des deux processus d'intensification, INT_{RET} ou INT_{CMAX} est appliqué et le choix du processus à appliquer est équiprobable.

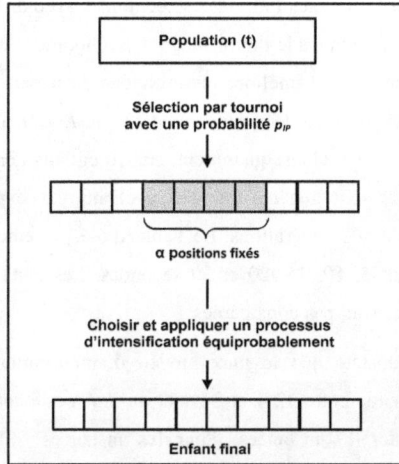

Figure 6-3: Fonctionnement du processus d'intensification

6.3.3 Résultats et discussions sur la performance de l'approche collaborative

Les différents algorithmes présentés dans cette section ont tous été implémentés en C++ et exécutés sur un ordinateur Itanium™ 64 bits à 1.4 GHz et 4 GB de RAM sous Windows Server 2003. Pour l'hybridation, nous avons utilisé les API C++ fournies par la plateforme ILOG [ILOG, 2003]. L'algorithme génétique de base utilisé est l'algorithme $AG1$ défini à la Section 4.2 avec 3000 générations comme critère d'arrêt. À titre de rappel, cet algorithme utilise une sélection par tournoi et les croisements *RMPX* et *OX* avec des probabilités respectives de 0.7 et 0.3. La mutation a lieu avec une probabilité de 0.3 et consiste en un échange de positions entre deux travaux tirés aléatoirement. La taille de la population est égale au nombre de travaux traités n. Finalement, la stratégie $(\mu + \lambda)$ est utilisée pour le remplacement. Pour évaluer la performance des différents algorithmes proposés dans cette présente section, nous utilisons le groupe d'instances proposées par Ragatz [1993].

La première étape des expérimentations consiste à déterminer le temps alloué à ILOG pour l'opérateur de croisement hybride CH_{CBS} ainsi pour que les deux processus d'intensification INT_{RET} et INT_{CMAX}. Tout d'abord, pendant le déroulement de *AG1*, nous appliquons CH_{CBS} sur les mêmes individus sélectionnés avec différentes limites de temps pour ILOG et nous déterminons le pourcentage d'améliorations obtenues. Cela représente le nombre de fois que CH_{CBS} améliore les individus de départ par rapport aux nombre d'essais tentés. Ainsi, pendant le déroulement de *AG1*, CH_{CBS} est appliqué avec une probabilité p_{CH} égale à 0.2. Conséquemment, sur 10 enfants générés lors de la phase de croisement, 2 enfants sont générés par CH_{CBS}. Dans ces expérimentations, *AG1* est exécuté 5 fois pendant 500 générations. Le Tableau 6-1 présente les résultats obtenus où CH_{CBS} évolue pendant 5, 10, 15, 20 et 30 secondes. Les instances toujours résolues à l'optimum par *AG1* ne sont pas considérées.

Tout d'abord, on constate que le taux moyen d'amélioration d'une solution par le processus CH_{CBS} se situe entre 12% et 34% et qu'il y a une convergence à partir de 15 secondes pour 10 des 17 instances. Pour les instances 601, 607, 608 et 704, la convergence a toutefois lieu à partir de 20 secondes. Sur la base de l'ensemble de ces résultats, le temps alloué (*Temps$_{MAX}$*) à ILOG lors de l'application de CH_{CBS} est fixé à 15 secondes pour la suite des expérimentations.

Des expérimentations sont maintenant réalisées pour fixer les conditions de l'application des processus d'intensification. Dans ce cas, INT_{RET} et INT_{CMAX} sont introduits séparément dans *AG1* mais avec les mêmes sous-séquences fixées avec une probabilité p_{IP} égale à 0.1. Nous rappelons au lecteur que la portion fixée a une taille $n*0.2 \leq \alpha \leq n*0.8$ où n est le nombre de travaux à traiter. La notion de succès dans le processus

128

d'intensification INT_{CMAX} est basée sur l'amélioration du retard total. Le Tableau 6-2 présente les résultats moyens des expérimentations où INT_{RET} et INT_{CMAX} évoluent indépendamment pendant 5, 10, 15, 20 et 30 secondes. Les expérimentations sont effectuées, encore une fois, pour toutes les instances à l'exception de celles toujours résolues à l'optimum par *AG1*. On peut remarquer que les taux moyens d'amélioration pour le processus d'intensification INT_{RET} se situent entre 5 % et 24 % et entre 10 % et 27 % pour INT_{CMAX}.

	Temps alloué (secondes)				
PR0B	5	10	15	20	30
403	0.12	0.12	0.12	0.12	0.18
408	0.23	0.23	0.25	0.25	0.25
501	0.17	0.17	0.17	0.17	0.17
503	0.12	0.12	0.16	0.16	0.16
507	0.12	0.12	0.25	0.25	0.25
601	0.25	0.25	0.32	0.34	0.34
603	0.15	0.15	0.24	0.24	0.24
604	0.15	0.23	0.25	0.25	0.25
605	0.10	0.25	0.25	0.25	0.25
607	0.13	0.13	0.13	0.25	0.25
608	0.17	0.17	0.17	0.24	0.24
701	0.14	0.14	0.24	0.24	0.24
703	0.18	0.18	0.22	0.22	0.22
704	0.15	0.15	0.22	0.24	0.24
705	0.19	0.21	0.23	0.23	0.23
707	0.14	0.14	0.18	0.18	0.18
708	0.15	0.15	0.18	0.18	0.18

Tableau 6-1 : Améliorations moyennes obtenues en variant le temps alloué à ILOG pour CH_{CBS} sur les petites instances

Il est possible d'expliquer la supériorité de INT_{CMAX} par le fait que le processus visant à améliorer le *Makespan* permet de visiter un espace de recherche différent et est ainsi mieux adapté à certains types d'instances. On constate également que les taux moyens d'amélioration convergent après 20 secondes pour 10 des 17 instances pour INT_{RET} et pour 12 des 17 instances pour INT_{CMAX}. De plus, on remarque que, pour les instances 605

(INT_{RET}), 705 (INT_{RET}) et 601 (INT_{CMAX}), le passage de 20 à 30 secondes apporte des gains additionnels de 0.04 % en termes d'efficacité alors qu'on obtient un gain de 0.13 % pour l'instance 701 (INT_{CMAX}). Ainsi, sur la base de l'ensemble de ces résultats, le temps alloué à ILOG pour l'un ou l'autre des processus d'intensification est fixé à 20 secondes pour la suite des expérimentations.

	Temps alloué (secondes)									
	INT_{RET}					INT_{CMAX}				
PR0B	5	10	15	20	30	5	10	15	20	30
403	0.13	0.15	0.15	0.17	0.17	0.11	0.13	0.13	0.16	0.16
408	0.12	0.13	0.18	0.18	0.18	0.15	0.15	0.15	0.18	0.18
501	0.09	0.12	0.22	0.22	0.22	0.13	0.13	0.15	0.20	0.20
503	0.17	0.17	0.17	0.24	0.24	0.12	0.12	0.14	0.18	0.18
507	0.14	0.18	0.18	0.18	0.18	0.11	0.14	0.14	0.21	0.21
601	0.08	0.11	0.13	0.19	0.19	0.13	0.13	0.14	0.23	0.27
603	0.07	0.11	0.12	0.12	0.12	0.12	0.12	0.18	0.18	0.18
604	0.11	0.11	0.11	0.17	0.17	0.11	0.13	0.14	0.19	0.19
605	0.07	0.12	0.12	0.17	0.21	0.12	0.16	0.16	0.16	0.16
607	0.13	0.13	0.13	0.25	0.25	0.10	0.10	0.10	0.24	0.24
608	0.18	0.18	0.20	0.22	0.22	0.12	0.12	0.12	0.20	0.20
701	0.11	0.13	0.16	0.19	0.19	0.12	0.12	0.12	0.12	0.25
703	0.09	0.09	0.12	0.15	0.15	0.14	0.14	0.14	0.17	0.17
704	0.13	0.15	0.15	0.17	0.17	0.11	0.13	0.13	0.16	0.16
705	0.12	0.13	0.16	0.19	0.23	0.16	0.17	0.17	0.19	0.19
707	0.09	0.11	0.18	0.18	0.18	0.11	0.13	0.13	0.16	0.16
708	0.05	0.06	0.08	0.20	0.20	0.12	0.13	0.15	0.15	0.15

Tableau 6-2 : Améliorations moyennes obtenues en variant le temps alloué à ILOG pour INT_{RET} et INT_{CMAX} sur les petites instances

Après avoir déterminé les temps maximaux alloués au solveur pour l'application de l'opérateur de croisement hybride CH_{CBS} ainsi que pour les processus d'intensification INT_{RET} et INT_{CMAX}, nous présentons dans la prochaine section les résultats associés aux différents algorithmes.

Le Tableau 6-3 reprend les résultats moyens de l'algorithme génétique $AG1$ présenté à la Section 4.2 ainsi que les résultats obtenus par l'approche de résolution par ordonnancement basé sur les contraintes (OBC) présentés à la Section 5.1.2 avec un temps d'exécution alloué à la plateforme ILOG égal à 30 minutes. Pour leur part, les solutions optimales fournies par Bigras *et al.* [2008] se retrouvent dans la colonne notée *OPT*. Tous les résultats fournis représentent les déviations par rapport à la solution optimale.

La colonne AG_{CBS} présente les résultats obtenus par l'algorithme *AG1* auquel est incorporé l'opérateur de croisement hybride CH_{CBS} avec une probabilité p_{CH} égale à 0.2. La colonne AG_{INT} présente les résultats obtenus par l'algorithme *AG1* auquel sont incorporés les deux processus d'intensification INT_{RET} et INT_{CMAX} avec une probabilité p_{IP} égale à 0.1. Finalement, la colonne AG_{COL} présente les résultats obtenus par l'algorithme *AG1* auquel sont incorporés à la fois l'opérateur de croisement hybride CH_{CBS} et les deux processus d'intensification INT_{RET} et INT_{CMAX} pour former l'algorithme génétique hybride collaboratif. Au Tableau 6-3, les meilleurs résultats sont présentés en zone ombragée. Mis à part *OBC*, tous les algorithmes ont été exécutés 10 fois et les résultats représentent ainsi une déviation moyenne à l'optimal.

Nous remarquons que AG_{CBS} résout à l'optimal toutes les instances de 15 et 25 travaux. De plus, l'intégration de l'opérateur de croisement hybride CH_{CBS} a permis d'améliorer ou de maintenir tous les résultats de *AG1* et, plus particulièrement, ceux des instances de type **1 et **5 où la déviation moyenne par rapport à l'optimum est maintenant inférieure à 7%. Plus spécifiquement, pour l'instance 601, l'écart a été réduit de 169.4 % à 6.7%. L'adjonction des contraintes de précédence directes lors de l'application de l'opérateur de croisement hybride CH_{CBS} permet une meilleure exploration par l'algorithme génétique. Également, une meilleure intensification est réalisée pendant la phase de résolution par l'ordonnancement basé sur les contraintes tout en conservant l'ordre relatif entre les travaux.

AG_{INT} permet également d'améliorer ou de maintenir tous les résultats de *AG1* et spécialement ceux des instances de type **1 et **5. Toutefois, la performance est moins bonne (ou égale) que celle de AG_{CBS} pour toutes les instances. Ceci peut être expliqué par le fait que, dans 50 % des cas, le processus d'intensification est guidé par le *Makespan* et non par le retard total. L'exploration d'espaces différents de recherche permet toutefois de recréer de la diversité dans la population sans toutefois améliorer le retard total. Ceci explique, par exemple, la dégradation des résultats pour l'instance 508. Nous notons toutefois que la conservation de l'ordre absolu au sein des processus d'intensification INT_{RET} et INT_{CMAX} permet d'orienter davantage l'algorithme génétique lors de l'exploration d'espaces prometteurs de recherche.

PR0B	OPT	AG1	OBC	AG_{CBS}	AG_{INT}	AG_{COL}
401	90	0.0	0.0	0.0	0.0	0.0
402	0	0.0	0.0	0.0	0.0	0.0
403	3418	0.5	0.0	0.0	0.4	0.0
404	1067	0.0	0.0	0.0	0.0	0.0
405	0	0.0	0.0	0.0	0.0	0.0
406	0	0.0	0.0	0.0	0.0	0.0
407	1861	0.0	0.0	0.0	0.0	0.0
408	5660	0.2	0.9	0.0	0.1	0.0
Temps moyen (min)		0	6.5	7.2	7.6	8.5
Génération meilleure solution		940	-	1020	628	345
501	261	0.5	0.4	0.0	0.5	0.0
502	0	0.0	0.0	0.0	0.0	0.0
503	3497	0.2	2.5	0.0	0.3	0.0
504	0	0.0	0.0	0.0	0.0	0.0
505	0	0.0	0.0	0.0	0.0	0.0
506	0	0.0	0.0	0.0	0.0	0.0
507	7225	0.7	1.8	0.0	0.7	0.0
508	1915	0.0	35.8	0.0	1.8	0.0
Temps moyen (min)		0.1	15	8	9	11
Génération meilleure solution		1536	-	1678	1235	675
601	12	169.4	41.7	6.7	7.5	3.3
602	0	0.0	0.0	0.0	0.0	0.0
603	17587	1.8	6.5	0.8	1.1	0.2
604	19092	1.8	21.1	1.1	1.3	0.6
605	228	13.0	122.4	2.6	3.5	0.4
606	0	0.0	0.0	0.0	0.0	0.0
607	12969	1.6	17.7	0.7	1.9	0.2
608	4732	1.7	156.6	0.7	1.2	0.0
Temps moyen (min)		0.5	22.5	22.3	23.4	32.5
Génération meilleure solution		2435	-	2340	1456	1032
701	97	30.7	20.6	6.8	8.3	2.1
702	0	0.0	0.0	0.0	0.0	0.0
703	26506	1.9	2.8	1.2	1.8	0.9
704	15206	3.4	94.8	1.6	2.1	0.5
705	200	33.7	72.5	6.1	6.5	2.2
706	0	0.0	0.0	0.0	0.0	0.0
707	23789	2.2	20.4	1.0	1.9	0.3
708	22807	2.8	50.0	1.5	2.1	1.2
Temps moyen (min)		1.4	22.5	23.4	26.1	46
Génération meilleure solution		2376	-	2345	1996	1326
Moyenne temps (min)		0.5	16.6	15.2	16.5	24.5
Moyenne génération		1822	-	1846	1329	845

Tableau 6-3 : Résultats et comparaison des algorithmes collaboratifs pour les petites instances

L'algorithme hybride collaboratif AG_{COL} combine bien les caractéristiques des algorithmes AG_{CBS} et AG_{INT} en améliorant (ou égalant) tous les résultats trouvés par AG_{CBS}. L'intégration des deux processus d'intensification à AG_{CBS} améliore essentiellement les instances de type **1 et **5 où les écarts sont plus prononcés. Les conservations de l'ordre relatif et de l'ordre absolu, combinées par l'utilisation de l'opérateur de croisement hybride CH_{CBS} et des processus d'intensification INT_{RET} et INT_{CMAX} respectivement, permet d'améliorer plusieurs résultats. En effet, cette combinaison permet à l'algorithme hybride collaboratif AG_{COL} de diversifier les espaces de solutions et d'y intensifier la recherche. De plus, AG_{COL} trouve au moins une fois la solution optimale pour toutes les instances, ce qui n'était pas le cas ni pour AG_{CBS}, ni pour AG_{INT}.

En ce qui concerne la génération moyenne à laquelle les algorithmes proposés trouvent la meilleure solution, nous notons que $AG1$ et AG_{CBS} se comportent de manière identique pour les 32 instances avec une moyenne respectivement à 1822 et 1846 générations. Concernant AG_{INT}, l'algorithme atteint en moyenne la meilleure solution après 1329 générations pour l'ensemble des 32 instances.

Ceci nous permet de conclure que la conservation de l'ordre absolu par l'intermédiaire des deux processus d'intensification permet d'accélérer la recherche de la meilleure solution de l'algorithme génétique davantage que la conservation de l'ordre relatif par l'intermédiaire de l'adjonction du croisement hybride CH_{CBS}. Cependant, les deux processus d'intensification d'ordonnancement basé sur les contraintes, incorporés au sein de AG_{INT}, entraînent de moins bonnes performances que le croisement hybride intégré au sein de AG_{CBS}. L'algorithme hybride collaboratif AG_{COL} atteint, quant à lui, la meilleure solution en moyenne après 845 générations. Comparativement à AG_{CBS}, l'adjonction des processus d'intensifications INT_{RET} et INT_{CMAX} permet d'accélérer l'atteinte de la meilleure solution avec une amélioration de la performance. Maintenant, si on examine, par groupes d'instances, la génération moyenne à laquelle les algorithmes proposés trouvent la meilleure solution, les remarques précédentes demeurent valides. En effet, $AG1$ et AG_{CBS} se comportent également de manière identique avec une génération moyenne, par groupe d'instances, toujours supérieure à celle de AG_{INT}. De même, cette dernière est toujours supérieure à celle de AG_{COL}. De plus, nous remarquons que les générations moyennes augmentent avec le nombre de travaux traités pour tous les algorithmes. Il est donc permis de penser que le nombre de générations des algorithmes hybrides pourrait être réduit et adapté à la taille des instances pour en réduire les temps d'exécution.

Concernant les temps d'exécution, nous pouvons observer l'impact d'une hybridation impliquant des méthodes exactes et, plus précisément, l'ordonnancement basé sur les contraintes dans un algorithme génétique. En effet, si $AG1$ a un temps moyen d'exécution de 0.5 minute, AG_{CBS}, AG_{INT} et AG_{COL} ont des temps moyens d'exécution de 15.2, 16.5 et 24.5 minutes, respectivement pour les 32 instances. D'un autre côté, il est connu que les méthodes exactes sont très gourmandes en temps de calcul. Ceci s'applique également lors d'une hybridation collaborative impliquant une méthode exacte même si l'utilisation de la méthode exacte se fait avec parcimonie [Puchinger et Raidl, 2005; Talbi, 2009]. Nous remarquons également que les temps d'exécution augmentent d'un sous-groupe à un autre et spécialement concernant AG_{COL}. En effet, la moyenne des temps d'exécution passe de 32.5 à 46 minutes lors du passage de 35 à 45 travaux, soit une augmentation de 30 % alors que cette augmentation est de 5 % et 10 % pour les algorithmes AG_{CBS} et AG_{INT}, respectivement.

Finalement, les différents algorithmes hybrides AG_{CBS}, AG_{INT} et AG_{COL} introduits dans cette présente section améliorent (ou égalent) tous les résultats de l'algorithme génétique $AG1$. Toutefois, il s'avère impossible de comparer ces algorithmes en termes de nombre d'évaluations réalisées étant donné que les techniques d'hybridation utilisées sont très différentes. De plus, la résolution par l'ordonnancement basé sur les contraintes permet l'évaluation d'un très grand nombre de solutions. Certes, les trois algorithmes collaboratifs évoluent également pendant 3000 générations comme $AG1$, mais l'hybridation impliquant l'approche d'ordonnancement basé sur les contraintes entraîne une forte consommation temporelle. Pour la performance, nous avons pu montrer que l'introduction du croisement hybride CH_{CBS}, qui conserve l'ordre relatif, ainsi que les processus d'intensifications INT_{RET} et INT_{CMAX}, qui conservent l'ordre absolu, permettent d'améliorer les résultats de l'algorithme génétique et que l'utilisation simultanée des deux mécanismes de conservations améliore davantage les résultats.

Nous explorons, dans la prochaine section, une hybridation de type intégrative pour résoudre le problème *MURDS*.

6.4 Algorithme génétique hybride intégratif

Dans cette section, nous proposons une hybridation intégrative impliquant l'algorithme génétique défini au Chapitre 4. À titre de rappel, une hybridation intégrative fait en sorte qu'une technique soit un composant incorporé d'une autre technique. Dans notre cas, d'autres techniques sont intégrées au sein de l'algorithme génétique. En effet, l'hybridation intégrative est réalisée au niveau d'un nouveau croisement hybride intégrant deux techniques différentes : un domaine de positions associé à un travail comme dans la programmation par contraintes et une règle de transition comme dans l'optimisation par colonie de fourmis. Nous allons tout d'abord décrire ces deux techniques suivi du fonctionnement de l'opérateur de croisement hybride intégratif noté CH_{INT}.

6.4.1 Domaine de positions associé à un travail

Dans les chapitres précédents, nous avons constaté qu'il est très important d'utiliser des mécanismes ayant la capacité de préserver et de maintenir à la fois l'ordre absolu et l'ordre relatif pour la résolution du problème *MURDS*. Nous avons également remarqué que l'opérateur de croisement *RMPX* ainsi que l'opérateur de croisement hybride CH_{CBS} permettent de maintenir davantage l'ordre relatif que l'ordre absolu. Le mécanisme décrit dans cette présente section a pour but de renforcer le maintien et la préservation de l'ordre absolu.

A titre de rappel, la conservation de l'ordre absolu pendant un croisement revient à ce que les travaux issus de l'un des deux parents gardent leurs positions initiales. En d'autres termes, par exemple, si les travaux 1 et 3 se trouvent aux positions 4 et 6 dans le premier parent et que l'information du premier parent est conservée dans l'enfant généré, alors les travaux 1 et 3 doivent se retrouver dans les positions 4 et 6. Maintenant, le problème qui se pose est de déterminer quels travaux doivent être fixés pendant le croisement et/ou quelles positions doivent être fixées avec ces travaux. En effet, le processus doit préserver assez de diversité en évitant de générer des individus identiques et ainsi faire converger l'algorithme génétique prématurément.

L'idée consiste à utiliser le concept de « domaines de valeurs » de la programmation par contraintes ou en ordonnancement basé sur les contraintes pour déduire de l'information reliée au positionnement des travaux. En ordonnancement basé sur les contraintes, le processus de résolution construit des domaines pour les variables de début et de fin des activités. Dans notre cas, nous avons besoin de domaines contenant les positions potentielles associées à un travail. En programmation par contraintes, les domaines des variables sont construits au début du processus et les contraintes et la propagation de celles-ci sont appliquées, par la suite, pour réduire les domaines. La construction des domaines se fait à partir des données en entrée du problème. Dans notre cas, l'information est récupérée à partir de l'algorithme génétique pour construire le domaine de positions pour chaque travail. Toutefois, une population à un temps t comporte, à la fois, de bonnes et de mauvaises solutions. Ces dernières peuvent alors dégrader «l'information» utilisée par le processus pour établir les domaines de positions. Pour surmonter ce problème, l'information utilisée pour construire les domaines est récupérée, non pas à partir de la population, mais plutôt à partir d'une archive qui sauvegarde les meilleures solutions tout au long du processus d'évolution comme c'est le cas des algorithmes évolutifs multi-objectifs utilisant les concepts de solutions Pareto-optimales [Zitzler et Thiele, 1999]. La mise à jour de cette archive est effectuée à chaque création d'un nouvel individu. La taille de l'archive, notée N, est égale au nombre de travaux du problème traité et contient les N meilleurs individus trouvés durant l'algorithme.

À partir de cette archive, les domaines des travaux sont établis en deux étapes. Tout d'abord, une matrice de probabilités *POSA* est construite de la manière suivante :

$$\forall\, j \in [1,n]\, et\, k \in [1,n]$$
$$POSA[j][k] = \sum_{i=1}^{k} POSA[j][i]$$
$$et\, POSA[j][1] = \frac{fréquence\, d'apparition\, du\, travail\, j\, à\, la\, position\, 1}{n}$$
$$avec\, n\, la\, taille\, du\, problème\, considéré$$

Cette matrice contient, pour chaque travail j, la probabilité cumulée que ce travail soit à une position donnée k à partir du début de la séquence. C'est à partir des probabilités de cette matrice que nous déterminons la borne supérieure du domaine de positions associé au travail j.

De même, une autre matrice de probabilités *POSR* est construite de la manière suivante :

$$\forall\, j \in [1,n]\, et\, k \in [1,n]$$
$$POSR[j][k] = \sum_{i=n}^{k} POSR[j][i]$$
$$et\ POSR[j][n] = \frac{fréquence\ d'apparition\ du\ travail\ j\ \grave{a}\ la\ position\ n}{n}$$
$$avec\ n\ \ la\ taille\ du\ probl\grave{e}me\ consid\acute{e}r\acute{e}$$

Celle-ci contient pour chaque travail j, la probabilité cumulée que ce travail soit à une position donnée k à partir de la fin de la séquence. C'est à partir des probabilités de cette matrice que nous déterminons la borne inférieure du domaine de positions associé au travail j.

À la deuxième étape, le domaine de chaque travail est alors défini à l'aide des matrices *POSA* et *POSR*. Pour cela, considérons un seuil s_A qui représente la probabilité cumulative nécessaire pour fixer la borne supérieure ou inférieure. Par exemple, pour un travail j, si s_A est égal à 0.5 et que la probabilité cumulée 0.5 est atteinte dans *POSA* à la position k égale à 6, alors la borne supérieure du travail j est fixée à la sixième position. Il en va de même pour le calcul de la borne inférieure *POSR*. Ainsi, ces bornes représentent la position maximale et minimale à laquelle un travail peut apparaître dans la séquence en construction. Toutefois, il est possible que le travail j n'apparaisse jamais dans certaines positions spécifiques du domaine dans les chromosomes de l'archive puisque les bornes sont construites à partir de probabilités cumulatives. Cependant, ce mécanisme permet d'ajouter de la diversité pendant la phase d'évolution. Il peut également exister le cas où le domaine d'un travail j couvre toutes les positions parce que celui-ci apparaît dans l'une ou l'autre des solutions de l'archive à chacune des positions. Dans ce cas limite et dans le cas de domaines très étendus, cette information n'a toutefois pas beaucoup d'utilité car l'objectif de ce processus est de limiter le nombre de positions par domaine. À partir du domaine ainsi construit, il est maintenant possible de choisir et de fixer, pour le travail j, une position dans son domaine.

Pour expliquer plus en détails le fonctionnement de la construction des domaines, considérons, à la Figure 6-4 pour une instance de 8 travaux, les lignes des matrices *POSA* et *POSR* pour le travail j. Si le seuil s_A est égal à 0.7, alors la borne supérieure est égale à 6 et la borne inférieure est égale à 3. Ainsi, pour le travail j, le domaine de positions possibles est [3,6]. Par la suite, le travail j peut être fixé à l'une des positions 3, 4, 5 et 6. De plus, nous remarquons que ce travail n'apparaît pas à la position 4 puisque la probabilité cumulative entre 3 et 4 est la même. Cette position fait tout de même partie du domaine pour assurer une éventuelle diversité comme décrit un peu plus haut.

		1	2	3	4	5	6	7	8	
Ligne j		0.1	0.3	0.3	0.3	0.5	0.7	1	1	POSA
Ligne j		1	0.7	0.7	0.5	0.5	0.3	0.3	0	POSR

Figure 6-4: Construction des domaines de positions pour un travail j

6.4.2 Règle de transition

Au Chapitre 4, nous avons observé que, lors du placement des travaux du bloc de remplissage, l'opérateur de croisement *RMPX* utilise essentiellement la conservation de l'ordre relatif et place les travaux dans l'ordre d'apparition dans le deuxième parent. À titre de rappel, le bloc de remplissage est constitué par l'ensemble des travaux issus du deuxième parent. Or, en plaçant les travaux dans l'ordre d'apparition, *RMPX* peut briser des blocs de travaux successifs et ne pas conserver un ordre relatif direct, notamment pour les problèmes où il est important de conserver adjacents des travaux avec des temps de réglages importants.

Pour surmonter cette situation, un mécanisme prenant en compte les propriétés du problème est utilisé dans l'hybridation intégrative. Après avoir défini la section de croisement (ensemble de travaux issus du premier parent), les travaux de la section de remplissage sont placés à l'aide d'une règle de transition semblable à celle utilisée par l'optimisation par colonie de fourmis (*OCF*) [Dorigo et Gambardella, 1997] et inspiré des travaux de Gagné *et al.* [2002] pour le problème *MURDS*. Étant donnée une section de croisement, il est possible d'insérer des travaux à droite de cette section à partir du dernier travail placé comme une fourmi usuelle ou à gauche en procédant à l'inverse d'une fourmi usuelle à partir du dernier travail placé.

Considérons, dans un premier temps, l'insertion de travaux à droite de la section de croisement. Le second cas, très similaire au premier, ne nécessite qu'une modification et est traitée ultérieurement dans la prochaine section. À partir du dernier travail de la section de croisement, un travail est choisi à l'aide de la règle de transition défini à la Figure 6-5 par les Équations (6.1) et (6.2). Comme dans l'optimisation par colonie de fourmis, q et q_0 sont deux réels entre 0 et 1. Si q est généré aléatoirement, q_0 représente le paramètre qui détermine l'importance de l'exploitation de l'information actuelle et de l'exploration de nouveaux espaces de recherche. L'Équation (6.1) stipule que le travail à placer est choisi par une heuristique dans le cas où $q \leq q_0$ ou par la règle probabiliste de l'Équation (6.2) dans le cas où $q > q_0$. L'Équation (6.2) décrit la règle probabiliste adaptée au problème *MURDS*.

$$j = \begin{cases} \arg \max \left\{ \left[SUCC_{ij}(A_t) \right]^{\alpha} * \left[\dfrac{1}{s_{ij}} \right]^{\beta} * \left[\dfrac{1}{H_{ij}} \right]^{\phi} \right\} & si\ q \leq q_0 \\ J & si\ q > q_0 \end{cases} \quad (6.1)$$

Avec J choisi avec une probabilité p_{ij} calculée

$$p_{ij} = \frac{\left[SUCC_{ij}(A_t) \right]^{\alpha} * \left[\dfrac{1}{s_{ij}} \right]^{\beta} * \left[\dfrac{1}{H_{ij}} \right]^{\phi}}{\sum \left[SUCC_{ij}(A_t) \right]^{\alpha} * \left[\dfrac{1}{s_{ij}} \right]^{\beta} * \left[\dfrac{1}{H_{ij}} \right]^{\phi}} \quad (6.2)$$

Figure 6-5: Règle de transition adaptée au problème *MURDS*

Dans les Équations (6.1) et (6.2), l'élément $\overline{s_{ij}}$ représente le temps de réglage normalisé

$(\overline{s_{ij}} = \dfrac{s_{ij}}{Max\, s_{ij}})$ et joue le rôle de visibilité tel que défini dans l'*OCF* de Gagné *et al.*
[2002].

Nous décrivons, dans les deux prochaines sous-sections, les deux autres éléments des Équations (6.1) et (6.2) où deux nouveaux concepts sont introduits : $SUCC_{ij}(A_t)$ qui joue un rôle similaire à la trace de phéromone dans l'*OCF* et $\overline{H_{ij}}$ qui joue le rôle d'une heuristique de regard vers l'avant fonctionnant comme le *Forward Cheking* en programmation par contraintes décrit à la Section 3.3.3.2.

6.4.2.1 *Trace de phéromone SUCCij*

Dans l'*OCF*, la phéromone joue un rôle très important de mémoire des solutions intéressantes visitées par les fourmis. En effet, plus l'intensité de la phéromone augmente entre deux travaux i et j, et plus la probabilité de placer le travail j après i augmente. Dans notre cas, nous construisons une matrice *SUCC* à partir de l'archive présentée à la Section 6.4.1. Si n est le nombre de travaux traités ainsi que la taille de l'archive, la matrice *SUCC* est calculée de la manière suivante :

$$Pour\ tout\ couple\ de\ travaux\ (i,j)\ avec\ i \in \left[1,n\right] et\ j \in \left[1,n\right]$$
$$SUCC[i][j] = \frac{nombre\ de\ fois\ que\ le\ travail\ j\ succède\ immédiatement\ au\ travail\ i}{n}$$

La matrice *SUCC* contient alors la trace issue des individus de l'archive. Ainsi, plus un travail j succède à un travail i dans l'archive, plus il a une trace importante. Cette information favorise de faire succéder le travail j au travail i dans l'utilisation de la règle de transition. Cette matrice est calculée au besoin à partir de l'archive et elle est mise à jour à chaque mise à jour de l'archive. Conséquemment aux Équations (6.1) et (6.2), $SUCC_{ij}(A_t)$ représente le nombre de fois que le travail j succède au travail i dans l'archive à un instant t.

6.4.2.2 *Heuristique de regard vers l'avant*

Dans Gagné *et al.* [2002], les chercheurs ont considéré une borne inférieure établie par la somme des retards pour la portion de la séquence de travaux déjà placés et une estimation pour la portion des travaux non placés tel que proposée par Ragatz [1993]. Cette borne est utilisée comme une fonction de regard vers l'avant pour anticiper le choix d'une fourmi et elle est intégrée dans la règle de transition de leur *OCF*.

Dans l'hybridation intégrative, nous proposons d'utiliser une heuristique qui anticipe également les choix dans la règle de transition. Cependant, cette heuristique, évoluant comme le *Forward Cheking*, est basée sur une estimation supérieure du retard total. En effet, en considérant qu'une section de croisement soit placée dans une séquence vide de travaux, nous utilisons cette heuristique notée H_{ij} pour placer successivement les travaux à la droite de la section de croisement jusqu'à la fin de la séquence.

Partant d'une séquence partielle où seulement la section de croisement est placée, l'heuristique utilise les valeurs moyennes des temps d'exécution $\overline{p}$, les temps de réglages normalisés $\overline{S}_{ij}$ et les dates dues $\overline{d}$ dans son calcul pour compléter les positions vides. Ainsi, considérons une séquence Q de travaux, où une section de croisement est déjà placée, avec $Q=[q_0,q_1,...,q_{n-1},q_n]$ où q_j représente l'indice du $j^{ième}$ travail dans la séquence et $q_0 = 0$. Alors, le temps de fin d'exécution du $j^{ième}$ travail dans la séquence est égal à $\overline{C}_{q_j} = \sum_{k=1}^{j}(\overline{s}+\overline{p})$ et le retard est égal à $\overline{T}_{q_j} = \max(\overline{C}_{q_j} - \overline{d}, 0)$. Dans ces deux dernières équations, les valeurs exactes des temps de traitement, des dates dues et des temps de réglages sont utilisées à la place des valeurs moyennes pour les travaux de la section de croisement déjà placés. Ainsi, si nous souhaitons placé un travail j directement après le dernier travail i de la section de croisement, alors H_{ij} est défini par $\sum_{j=1}^{n}\overline{T}_{q_j}$.

Pour mieux comprendre le fonctionnement de cette heuristique, considérons l'exemple suivant comportant 8 travaux. Le Tableau 6-4 présente les temps de traitement p_j et les dates dues d_j des 8 travaux ainsi que leurs moyennes respectives.

Travail j	1	2	3	4	5	6	7	8	Moyenne
p_j	102	100	97	99	96	102	97	107	100
d_j	640	596	602	585	625	635	616	645	618

Tableau 6-4 : Données d'exemple pour l'heuristique H_{ij}

Le Tableau 6-5 présente, quant à lui, la matrice des réglages pour cet exemple. La colonne titrée « 0 » représente le réglage en fonction du dernier travail réalisé à la période précédente. La moyenne de tous les temps de réglage est égale à 9.

	0	1	2	3	4	5	6	7	8
1	19	-	7	13	17	14	0	1	12
2	2	14	-	12	15	0	18	6	16
3	0	9	1	-	11	9	12	1	6
4	20	15	18	13	-	4	3	5	7
5	15	3	12	3	13	-	13	20	2
6	13	1	8	4	16	12	-	9	12
7	1	7	14	11	0	5	2	-	14
8	2	10	2	13	15	7	16	1	

Tableau 6-5 : Matrice des réglages pour l'exemple pour l'estimation de H_{ij}

Le Tableau 6-6 illustre le placement d'une section de croisement composée des travaux 2, 5 et 8. Les temps de traitement, les temps de réglages concernés (s_{2-5} et s_{5-8}) et les dates dues des travaux 2, 5 et 8 sont utilisés pour le calcul de $\sum_{j=1}^{n}\overline{T}_{q_j}$. Pour le reste de la séquence, nous utilisons les valeurs moyennes des temps d'exécution $\overline{p}$, les temps de réglages normalisés $\overline{S}_{ij}$ et les dates dues $\overline{d}$.

Séquence	-	-	2	5	8	-	-	-	$\sum_{j=1}^{n}\overline{T}_{q_j}$
C_j	109	218	327	423	535	644	753	862	
d_j	618	618	596	625	645	618	618	618	
$\overline{T}_{q_j}$	0	0	0	0	0	26	135	244	**405**

Tableau 6-6 : Mise à jour de l'heuristique après insertion de la section de croisement

Supposons maintenant que les travaux possibles à insérer à la droite de la section de croisement sont les travaux 1, 6 et 7. Pour chacun de ceux-ci, l'heuristique H_{ij} est calculée tel qu'illustré au Tableau 6-7. Ainsi, pour chacun de ces travaux, son temps d'exécution, sa date due ainsi que le temps de réglage suivant le travail 8 s_{8-*} sont mis à jour et le retard total est calculé. Les valeurs de l'heuristique H_{ij} en insérant les travaux 1, 6 ou 7 sont respectivement de 392, 415 et 375.

Séquence	-	-	2	5	8	1	-	-	$\sum_{j=1}^{n} \bar{T}_{q_j} = H_{ij}$
C_j	109	218	327	423	535	647	756	865	
d_j	618	618	596	625	645	640	618	618	
$\bar{T}_{q_j}$	0	0	0	0	0	7	138	247	**392**

Séquence	-	-	2	5	8	6	-	-	$\sum_{j=1}^{n} \bar{T}_{q_j} = H_{ij}$
C_j	109	218	327	436	545	653	762	871	
d_j	618	618	596	625	645	635	618	618	
$\bar{T}_{q_j}$	0	0	0	0	0	18	144	253	**415**

Séquence	-	-	2	5	8	7	-	-	$\sum_{j=1}^{n} \bar{T}_{q_j} = H_{ij}$
C_j	109	218	327	436	545	633	742	851	
d_j	618	618	596	625	645	616	618	618	
$\bar{T}_{q_j}$	0	0	0	0	0	17	124	233	**374**

Tableau 6-7 : Calcul de l'estimée H_{ij} pour les travaux 1, 6 et 7

Les valeurs normalisées $\overline{H_{ij}} = \dfrac{H_{ij}}{Max\ H_{ij}}$ sont ensuite utilisées dans les Équations (6.1) et (6.2) pour déterminer le travail à placer. Ainsi, dans l'exemple précédent, nous avons $\overline{H_{81}} = 0.94$, $\overline{H_{86}} = 1$ et $\overline{H_{87}} = 0.90$. Il est évident que plus la valeur normalisée est petite, plus la probabilité de placer le travail augmente. La règle de transition est utilisée de cette manière pour toutes les insertions jusqu'à la fin de la séquence. À la section 6.4.3.2, l'insertion à gauche de la section de croisement est traitée.

Finalement, les paramètres α, β et φ, associés à chaque matrice de la règle de transition des Équations (6.1) et (6.2), permettent de privilégier certains éléments en fonction des caractéristiques du problème.

6.4.3 Croisement hybride intégratif CH_{INT}

Dans cette section, nous introduisons le croisement hybride intégratif basé sur les éléments décrits dans les sections précédentes : l'archive, les domaines et la règle de transition proportionnelle. Ce croisement hybride fonctionne en 3 étapes : *i)* fixer des positions avec des travaux à partir des domaines calculés à partir de l'archive, *ii)* placer la section de croisement à partir du premier parent et *iii)* utiliser la règle de transition pour placer le reste des travaux en utilisant deux listes formées à partir du deuxième parent. Nous détaillons dans ce qui suit chacune de ces étapes.

6.4.3.1 *Fixation des positions*

La première étape du croisement hybride consiste à assigner des travaux à x positions de la séquence. Nous avons établi, pour chaque travail, un domaine de positions à partir des probabilités des matrices *POSA* et *POSR* et du seuil s_A définis à la Section 6.4.1. À partir de ces domaines, nous construisons un deuxième ensemble de domaines D_{pos} associé aux positions. Ainsi, pour chaque position, le domaine est constitué des travaux dont leur domaine respectif inclus cette position. Pour l'exemple de la Figure 6-6, l'ensemble des domaines de positions associés aux travaux pour une séquence de 5 travaux est fourni dans la partie de gauche. Ainsi, D_{t1} représente le domaine des positions du travail 1 où celui-ci apparaît dans les positions 2, 3 et 4. Les autres domaines correspondent aux travaux 2, 3, 4 et 5. À partir de ceux-ci, les domaines D_{pos} associé aux positions sont présentés dans la partie de droite de la figure. A titre d'exemple, le domaine de la position 2, D_{p2}, contient les travaux 1, 2 et 3 puisque cette position fait partie du domaine de ces travaux. Nous remarquons aussi que le domaine D_{p5} contient uniquement le travail 5 et ce, parce que la position 5 n'apparaît que dans le domaine D_{t5}.

Domaines de positions associées aux travaux	Domaines de travaux associés aux positions D_{pos}
$D_{t1} = \{2,3,4\}$	$D_{p1} = \{2\}$
$D_{t2} = \{1,2,3\}$	$D_{p2} = \{1,2,3\}$
$D_{t3} = \{2,3\}$	$D_{p3} = \{1,2,3,4\}$
$D_{t4} = \{3,4\}$	$D_{p4} = \{1,4,5\}$
$D_{t5} = \{4,5\}$	$D_{p5} = \{5\}$

Figure 6-6 : Passage aux domaines des travaux associés aux positions D_{pos}

Tel qu'illustré dans le pseudo-code de la Figure 6-7, un domaine de positions est choisi parmi l'ensemble des domaines D_{pos}. Le choix du domaine se fait d'une manière déterministe selon la taille des domaines qui est une technique utilisée entre autre par la programmation par contraintes. Dans ce cas, le domaine ayant la plus petite taille est d'abord considéré. En effet, si un domaine D_{pj} contient un singleton, alors il n'y a que le travail j qui s'est retrouvé à cette position dans les chromosomes de l'archive. Il est donc judicieux de placer en premier le travail j à cette position. Si plusieurs domaines sont de même taille, alors l'un d'entre eux est choisi de manière équiprobable. Pour le domaine d_{pos} choisi, un travail j est alors tiré aléatoirement parmi les travaux de ce domaine. Ensuite, le travail j est fixé à la position pos dans la séquence en construction. Enfin, le travail j est retiré de tous les autres domaines suivant le principe de la propagation par contrainte.

Ainsi, par exemple, si nous reprenons l'ensemble des domaines D_{pos} de la Figure 6-6 et que nous souhaitons fixer 3 positions, alors nous commençons tout d'abord par les domaines D_{p1} et D_{p5} qui ont la plus petite taille (taille 1). Par la suite, après avoir fixé les travaux 2 et 5 aux positions respectives 1 et 5, ceux-ci sont propagés dans les autres domaines. Ainsi, on obtient les domaines suivants : $D_{p1} = \varnothing$, $D_{p2} = \{1,3\}$, $D_{p3} = \{1,3,4\}$, $D_{p4} = \{1,4\}$ et $D_{p5} = \varnothing$. Pour la dernière position à fixer, nous choisissons aléatoirement l'un des deux domaines D_{p2} et D_{p4} de taille 2. Supposons que le domaine D_{p2} est choisi, alors l'un des deux travaux de ce domaine (1 ou 3) sera fixé à la position 2.

Pour créer de la diversité et éviter de choisir les mêmes positions à fixer pour les différents enfants construits à une génération donnée, nous introduisons une liste taboue L_p de positions associées aux domaines de positions. Ainsi, le domaine choisi et, par la suite, la position associée ne doivent pas appartenir à cette liste taboue.

```
x                    /* Nombre de travaux à fixer */
j                    /* Travail à fixer */
Dpos                 /* Ensemble des domaines des positions */
dpos                 /* Domaine des positions choisies*/
Lp                   /* Liste de domaines tabous*/
POUR i: 1..x FAIRE
     /*Choix de position et de travail*/
     Faire
          dpos <- Choisir un domaine dans Dpos avec la plus petite
     taille
          SI dpos != 1 ALORS
               Choisir aléatoirement un domaine dpos
          FIN SI
     TANT QUE dpos ∉ Lp
     j <- Choisir aléatoirement un travail dans dpos
     Fixer la position pos avec le travail j
     /*Propagation du travail choisi*/
     Supprimer j de tous les domaines
     Mise à jour de Lp
     i <- i+1
FIN POUR
```

Figure 6-7 : Pseudo-code de l'algorithme de fixation de positions

La mise à jour de cette liste taboue se fait à chaque fois qu'une position est fixée. Il peut arriver qu'un domaine devienne vide après la phase de propagation de travaux. Ce domaine est alors ajouté à la liste taboue L_J dont la longueur est fixée à 10.

6.4.3.2 *Placement de la section de croisement*

Nous décrivons, dans cette section, la deuxième étape du croisement intégratif : le placement de la section de croisement. Comme *RMPX*, le croisement intégratif respecte la règle assurant que le point d'insertion soit calculé de façon à ne pas briser la section de croisement. Tout d'abord, le futur enfant est parcouru pour déterminer la plus grande longueur *taille_max* d'une sous-séquence contiguë en prenant en compte les positions déjà fixées. La taille de la section de croisement *taille_section_croisement* est ensuite déterminée aléatoirement dans l'intervalle [1, *taille_max*]. Ensuite, une section de croisement de longueur *taille_section_croisement* est tirée aléatoirement dans le parent. La liste des points d'insertion *liste_pi* est alors déterminée pour accueillir la section de croisement sans pour autant briser cette dernière. Finalement, un point d'insertion est tiré aléatoirement pour accueillir la section de croisement.

Un exemple est présenté à la Figure 6-8 en considérant que les travaux 2 et 7, indiquées en gris, ont été fixés dans les positions 4 et 9 de l'enfant *E* après la première phase (fixation des positions) du croisement hybride. En parcourant *E*, il existe deux sous-sections contigües dont la plus longue a une longueur *taille_max* égale à 4. Ainsi, la longueur de la section de croisement *taille_section_croisement* est tirée aléatoirement dans l'intervalle [1,4]. Considérons, dans un premier cas, que *taille_section_croisement* soit égale à 3 et que la section de croisement de longueur 3 tirée aléatoirement dans *P1* soit constituée des travaux 3, 1 et 4. La liste des points d'insertion *liste_pi* est alors formée des positions 1, 5 et 6. Cette section de croisement peut donc être insérée à partir de la première position comme dans l'enfant *E1*, à partir de la cinquième position comme dans l'enfant *E2* ou à partir de la sixième position comme dans l'enfant *E3*.

Considérons, dans un deuxième cas, que *taille_section_croisement* est égale à 3 et que la section de croisement de longueur 3 tirée aléatoirement dans P1 soit constituée des travaux 8, 2 et 6. Comme le travail 2 a déjà été placé dans la phase de fixation, alors la longueur de la section de croisement *taille_section_croisement* est réduite à 2.

La liste de points d'insertion *liste_pi* est alors formée des positions 1, 2, 5, 6 et 7 et la section de croisement est réduite aux travaux 8 et 6. Les possibilités d'enfants correspondent alors à *E4, E5, E6, E7* et *E8*.

Finalement, considérons un troisième cas où la *taille_section_croisement* est égale à *taille_max* et que la section de croisement tirée aléatoirement dans P1 soit constituée des travaux 1, 4, 5 et 8. Alors, la seule possibilité d'insertion dans *liste_pi* est la cinquième position tel qu'illustré par l'enfant *E9*.

147

P1 | 3 1 4 5 8 2 6 9 7

P2 | 9 8 5 7 3 1 6 4 2

Fixation de positions

E | 2 ... 7

Section de croisement

E1 | 3 1 4 2 ... 7

E2 | 2 3 1 4 ... 7

E3 | 2 ... 3 1 4 7

E4 | 8 6 2 ... 7

E5 | 8 6 2 ... 7

E6 | 2 8 6 ... 7

E7 | 2 8 6 7

E8 | 2 8 6 7

E9 | 2 1 4 5 8 7

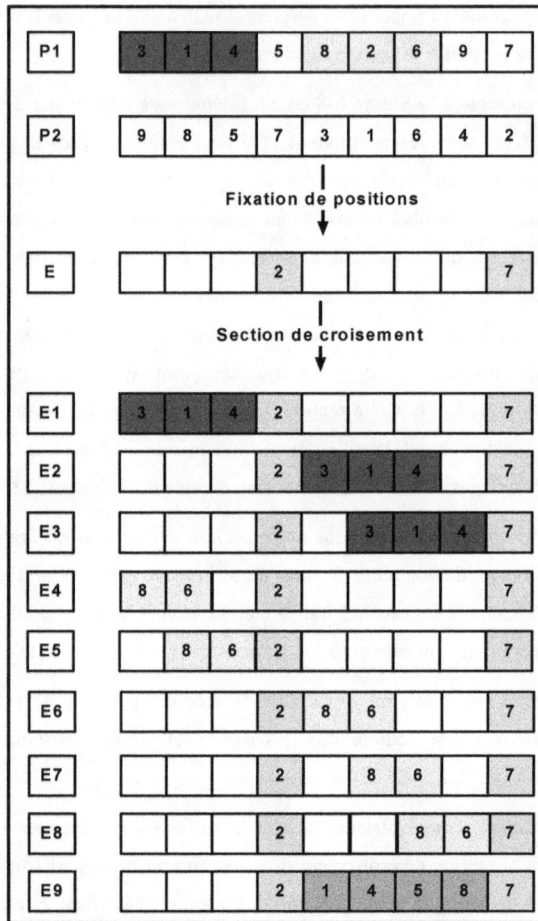

Figure 6-8: Exemple de placement de section de croisement

6.4.3.3 Règle de transition pour la section de remplissage

Après avoir fixé *x* positions et placé la section de croisement dans les deux premières étapes du croisement, nous procédons ensuite au remplissage du reste de l'enfant à la dernière étape du croisement intégratif. Tout d'abord, le nombre de travaux à placer à droite et à gauche de la section de croisement sont déterminés. Ensuite, deux listes issues du deuxième parent sont construites : une liste des travaux qui seront placés à gauche de la section de croisement et une liste des travaux qui seront placés à droite. À partir du début de la séquence du deuxième parent, la liste de gauche est formée par les travaux non encore placés jusqu'à concurrence du nombre de travaux restant à placer à gauche. Le reste des travaux non encore placés forme la liste de droite.

Pour mieux comprendre ce mécanisme, considérons l'exemple de la Figure 6-9 où les parents *P1* et *P2* ainsi que l'enfant *E6* de la Figure 6-8 sont repris. Dans *E6*, les travaux 2 et 7 (en gris) ont été fixés lors de la première phase et la section de croisement formée par les travaux 8 et 6 (en gris foncé) a été placée à la cinquième position lors de la deuxième phase. Trois positions demeurent libres à gauche de la section de croisement et deux positions sont libres à la droite. En parcourant *P2*, la liste de gauche est alors formée des travaux 9, 5 et 3 alors que celle de droite est formée des travaux 1 et 4. Après avoir déterminé les deux listes, la règle de la transition de la Figure 6-5 est utilisée pour placer les travaux. Toutefois, une adaptation doit être réalisée pour le remplissage à gauche de la section de croisement.

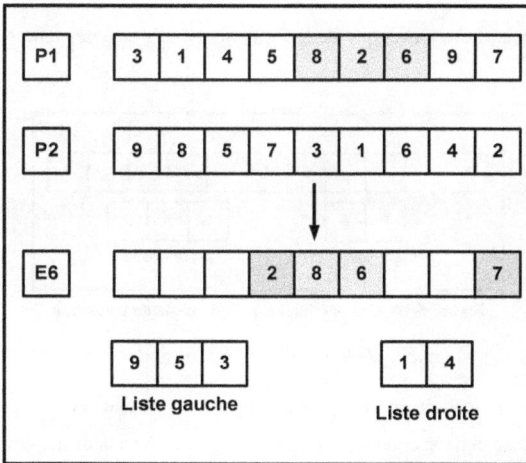

Figure 6-9: Formation des listes de travaux pour la règle de transition

6.4.3.3.1 Remplissage à droite de la section de croisement

Le remplissage à droite de la section de croisement est similaire au fonctionnement d'une fourmi classique sans mise à jour de la trace. À partir du dernier travail i déjà placé, un travail j est choisi en fonction de la règle de transition de la Figure 6-5 décrite à la Section 6.4.2. Ainsi, le travail j est choisi soit par l'heuristique de l'Équation (6.1) soit par la règle proportionnelle de l'Équation (6.2) et ce, dépendamment du paramètre q_0.

Considérons maintenant l'exemple particulier présenté à la Figure 6-10 où les travaux 2 et 7 (en gris) sont fixés respectivement à la sixième et dernière position et que la section de croisement (en gris foncé) soit formée par les travaux 8 et 4 dans l'enfant E. Supposons, dans cet exemple, que la liste de droite soit constituée des travaux 9, 5 et 3. La première position à remplir est alors la cinquième position et le travail 2 est déjà placé à la sixième position. Il est donc judicieux de prendre en compte le temps de réglage s_{j_2} entre le travail j à placer et le travail 2 déjà placé. Dans ce cas, l'élément normalisé $\overline{s_{ij}}$ utilisé dans la règle de transition est calculé différemment. En effet, on a

$$\overline{s_{ij}} = \frac{s_{ij} + s_{jk}}{Max\,(s_{ij} + s_{jk})}$$ où s_{jk} représente le temps de réglage entre le travail j à placer et le travail k déjà placé. Pour l'exemple de la Figure 6-10, il s'agit des temps de réglage s_{3_2}, s_{5_2} et s_{9_2}.

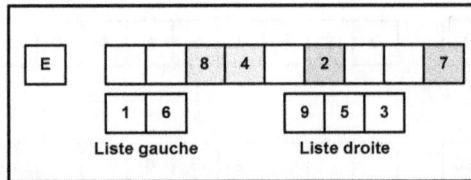

Figure 6-10: Cas particulier pour la règle de transition

6.4.3.3.2 Remplissage à gauche de la section de croisement

Étant donné que la section de croisement est déjà placée, le remplissage du reste des travaux à gauche de cette section peut se faire de gauche vers la droite comme une fourmi classique en débutant par la première position du chromosome ou dans le sens inverse d'une fourmi classique à partir du premier travail de la section de croisement. Dans les deux cas, nous aurons un temps de réglage résultant, soit à la jonction avec la section de remplissage si on procède de gauche vers la droite, soit avec le dernier travail de la période précédente si on procède de droite vers la gauche. Pendant l'application du croisement hybride CH_{INT}, nous utilisons l'une des méthodes de remplissage à gauche équiprobablement.

Dans le cas où les travaux sont placés de droite vers la gauche, soit dans le sens inverse d'une fourmi classique, les Équations (6.1) et (6.2) présentés à la Figure 6-5 deviennent alors les Équations (6.3) et (6.4) de la Figure 6-11. En effet, dans ce cas, il s'agit de placer le travail j venant avant le travail i déjà placé. Ainsi, les éléments $\overline{s_{ij}}$ et $\overline{H_{ij}}$ sont remplacés par $\overline{s_{ji}}$ et $\overline{H_{ji}}$ respectivement. De même, l'élément de trace $succ_{ij}(A_t)$ est remplacé par $pred_{ij}(A_t)=^{T}succ_{ij}(A_t)$, soit la transposée de la matrice $succ_{ij}(A_t)$ à partir de l'archive A à un instant t. Effectivement, la trace pertinente doit provenir de l'information reliée aux prédécesseurs.

$$j = \begin{cases} \arg\max\left\{\left[pred_{ij}(A_t)\right]^\alpha * \left[\dfrac{1}{\overline{s_{ji}}}\right]^\beta * \left[\dfrac{1}{\overline{H_{ji}}}\right]^\phi\right\} & si\ q \leq q_0 \\ J & si\ q > q_0 \end{cases} \quad (6.3)$$

Avec J choisi avec une probabilité p_{ji} calculée

$$p_{ji} = \frac{\left[pred_{ij}(A_t)\right]^\alpha * \left[\dfrac{1}{\overline{s_{ji}}}\right]^\beta * \left[\dfrac{1}{\overline{H_{ji}}}\right]^\phi}{\sum \left[pred_{ij}(A_t)\right]^\alpha * \left[\dfrac{1}{\overline{s_{ji}}}\right]^\beta * \left[\dfrac{1}{\overline{H_{ji}}}\right]^\phi} \quad \textbf{(6.4)}$$

Figure 6-11: Règle de transition pour le remplissage de droite à gauche

Le cas des positions orphelines, celles où le prédécesseur a été fixé pendant la phase de fixation des positions, est traité comme dans le cas d'un remplissage de gauche à droite expliqué à la section précédente en recalculant l'élément normalisé $\overline{s_{ij}}$ dans la règle de transition de la Figure 6-11 par $\overline{s_{ij}} = \dfrac{s_{ij} + s_{kj}}{Max\ (s_{ij} + s_{kj})}$. Les valeurs s_{kj} sont les temps de réglage entre le travail k de la position fixée et le travail j à placer.

6.4.4 Résultats et discussions de l'approche intégrative

Dans cette section, nous présentons les différents résultats expérimentaux liés à l'algorithme génétique hybride intégratif pour le problème *MURDS* en utilisant les deux jeux d'essai introduits à la Section 2.4.2. Toutes les expérimentations ont été effectuées sur un ordinateur XEON™ avec 2.4 GHz d'horloge et 1 GB de RAM. L'environnement de développement est Microsoft Visual Studio 2005™ dans un environnement Windows XP Professional™ Service Pack 3. Chaque instance a été exécutée 10 fois et les résultats représentent les moyennes, les meilleurs et les pires résultats de ces 10 exécutions.

L'algorithme génétique AG1, défini à la Section 4.2, avec 3000 générations comme critère d'arrêt est utilisé avec les croisements $RMPX$ et CH_{INT} de manière équiprobable. La mutation a lieu avec une probabilité de 0.3 et consiste à un échange de position entre deux travaux tirés aléatoirement. La taille de la population est égale au nombre de travaux traités n. Finalement, la stratégie $(\mu + \lambda)$ est utilisée pour le remplacement. Le seuil s_A utilisé pour la construction des domaines des positions associés aux travaux lors de la première phase du croisement hybride est fixé 0.7. Lors de la première phase de CH_{INT}, α positions sont fixées où $\alpha = n/5$ avec n le nombre de travaux traités. Concernant la règle de transition utilisée lors de la dernière phase du croisement hybride, q_0 est fixé à 0,9. Les paramètres α, β et φ associés à chaque matrice de la règle de transition prennent des valeurs entre 1 et 5 et ce, dépendamment des caractéristiques de l'instance traitée. Dans le cas où nous traitons des instances à facteur de retard bas et à petit intervalle de dates dues, nous accordons plus d'importance à l'élément $\overline{H_{ij}}$ dans la règle de transition.

Au Tableau 6-8, la première colonne du tableau identifie le nom de l'instance alors que la deuxième précise les solutions optimales trouvées par Bigras *et al.* [2008] pour le premier groupe de problèmes proposés par Rubin et Ragatz [1995]. Le sous-groupe de colonnes noté AG1 présente respectivement l'écart minimum (MIN), l'écart moyen (MOY) et l'écart maximal (MAX) à l'optimum des résultats de AG1 tel que retrouvé au Tableau 4-1. Les meilleurs résultats de la colonne MIN sont en gras, ceux de la colonne MOY sont gris clair et ceux de la colonne MAX sont en gris foncé.

Les quatre sous-groupe de colonnes suivantes, indexés respectivement par AG-INT$^{1\text{-}2}$, AG-INT^{GD}, AG-INT^{DG} et AG-INT^{OrOpt}, utilisent la même forme de présentation de résultats que l'algorithme AG1. Le deuxième sous-groupe de colonnes indexé par AG-INT$^{1\text{-}2}$ fournit les résultats de l'algorithme génétique où CH_{INT} n'exécute que ses deux premières phases : la phase de fixation de positons et la phase de remplissage de la section de croisement. Le reste de l'enfant est rempli comme *RMPX* soit dans l'ordre d'apparition des travaux dans le deuxième parent. En effet, nous souhaitons vérifier l'impact de l'utilisation de l'archive et des domaines de positions. La première remarque est à l'effet que tous les résultats de AG-INT$^{1\text{-}2}$ surpassent ceux de AG1, à l'exception de la moyenne de l'instance 708.

Cet algorithme permet d'améliorer essentiellement les instances de type **1 et **5 où les intervalles de dates dues sont petits. Nous pouvons ainsi conclure que la conservation de l'ordre absolu, par l'intermédiaire de la phase de fixation de positions, améliore la phase d'exploitation de l'algorithme génétique pour ce genre de problème.

Les colonnes indexés par AG-INT^{GD} et AG-INT^{DG} présentent les résultats de l'algorithme génétique où le remplissage de la section de remplissage lors du croisement CH_{INT} par la règle de transition se fait respectivement à gauche et par la suite à droite (AG-INT^{GD}) et à droite et par la suite à gauche (AG-INT^{DG}). Le but de cette comparaison est de montrer l'impact de l'élément de regard vers l'avant $\overline{H_{ij}}$ dans la règle de transition.

PROB	OPT	AG1			AG-INT$^{1-2}$			AG-INT^{GD}			AG-INT^{DG}			AG-INT^{OrOpt}			TABOU/VNS		
		MIN	MOY	MAX	MIN	MOY	MAX	MIN	MOY	MAX	MIN	MOY	MAX	MIN	MOY	MAX	MIN	MOY	MAX
401	90	0,0	0,0	0,0	0,0	0,0	0,0	0,0	0,0	0,0	0,0	0,0	0,0	0,0	0,0	0,0	0,0	0,0	0,0
402	0	0,0	0,0	0,0	0,0	0,0	0,0	0,0	0,0	0,0	0,0	0,0	0,0	0,0	0,0	0,0	0,0	0,0	0,0
403	3418	0,0	0,5	2,1	0,0	0,0	0,0	0,0	0,0	0,0	0,0	0,0	0,0	0,0	0,0	0,0	0,0	0,3	2,6
404	1067	0,0	0,0	0,0	0,0	0,0	0,0	0,0	0,0	0,0	0,0	0,0	0,0	0,0	0,0	0,0	0,0	0,0	0,0
405	0	0,0	0,0	0,0	0,0	0,0	0,0	0,0	0,0	0,0	0,0	0,0	0,0	0,0	0,0	0,0	0,0	0,0	0,0
406	0	0,0	0,0	0,0	0,0	0,0	0,0	0,0	0,0	0,0	0,0	0,0	0,0	0,0	0,0	0,0	0,0	0,0	0,0
407	1861	0,0	0,0	0,0	0,0	0,0	0,0	0,0	0,0	0,0	0,0	0,0	0,0	0,0	0,0	0,0	0,0	0,0	0,0
408	5660	0,0	0,2	0,6	0,0	0,0	0,0	0,0	0,0	0,0	0,0	0,0	0,0	0,0	0,0	0,0	0,0	0,4	0,6
501	261	0,0	0,5	2,3	0,0	0,1	1,5	0,0	0,1	1,1	0,0	0,1	1,1	0,0	0,0	0,0	0,0	0,0	0,0
502	0	0,0	0,0	0,0	0,0	0,0	0,0	0,0	0,0	0,0	0,0	0,0	0,0	0,0	0,0	0,0	0,0	0,0	0,0
503	3497	0,0	0,2	1,1	0,0	0,1	0,3	0,0	0,0	0,2	0,0	0,0	0,0	0,0	0,0	0,0	0,0	0,4	0,8
504	0	0,0	0,0	0,0	0,0	0,0	0,0	0,0	0,0	0,0	0,0	0,0	0,0	0,0	0,0	0,0	0,0	0,0	0,0
505	0	0,0	0,0	0,0	0,0	0,0	0,0	0,0	0,0	0,0	0,0	0,0	0,0	0,0	0,0	0,0	0,0	0,0	0,0
506	0	0,0	0,0	0,0	0,0	0,0	0,0	0,0	0,0	0,0	0,0	0,0	0,0	0,0	0,0	0,0	0,0	0,0	0,0
507	7225	0,0	0,7	2,7	0,0	0,2	1	0,0	0,1	0,5	0,0	0,1	0,5	0,0	0,0	0,0	0,0	0,0	0,0
508	1915	0,0	0,0	0,0	0,0	0,0	0,0	0,0	0,0	0,0	0,0	1,6	6,3	0,0	0,0	0,0	0,0	0,0	0,0
601	12	100,0	169,4	316,7	33,3	116,8	166,8	33,3	100,0	141,8	0,0	16,7	58,3	0,0	0,2	5,0	0,0	0,0	0,0
602	0	0,0	0,0	0,0	0,0	0,0	0,0	0,0	0,0	0,0	0,0	0,0	0,0	0,0	0,0	0,0	0,0	0,0	0,0
603	17587	0,6	1,8	3,0	0,6	1,2	1,4	0,0	0,2	0,3	0,0	0,1	0,1	0,0	0,1	0,4	0,0	0,1	0,1
604	19092	0,7	1,8	2,6	0,2	1,3	2,3	0,1	0,2	0,4	0,0	0,0	0,0	0,0	0,2	0,6	0,0	0,7	1,0
605	228	1,8	13,0	33,3	8,4	16,4	26,4	6,6	9,6	10,5	0,0	4,4	4,4	0,0	0,4	2,6	0,0	0,4	0,9
606	0	0,0	0,0	0,0	0,0	0,0	0,0	0,0	0,0	0,0	0,0	0,0	0,0	0,0	0,0	0,0	0,0	0,0	0,0
607	12969	0,3	1,6	3,2	0,2	1,2	3,0	0,0	0,1	0,5	0,0	0,0	0,0	0,0	0,2	0,3	0,0	0,3	0,6
608	4732	0,0	1,7	5,2	0,0	1,5	13,2	0,0	0,0	0,0	0,0	0,0	0,0	0,0	0,0	0,0	0,0	0,0	0,0
701	97	18,6	30,7	56,7	6,2	20,1	19,6	6,2	12,1	17,5	0,0	6,2	11,3	0,0	2,4	6.1	1,0	3,0	5,2
702	0	0,0	0,0	0,0	0,0	0,0	0,0	0,0	0,0	0,0	0,0	0	0,0	0,0	0,0	0,0	0,0	0,0	0,0
703	26506	0,8	1,9	2,9	0,6	1,2	1,7	0,4	0,6	0,9	0,0	0,2	0,1	0,0	0,2	0,8	0,0	0,8	1,4
704	15206	0,6	3,4	7,8	1,9	3,4	4,5	1,1	2,4	3,1	1,2	2,1	3,1	0,0	0,4	0,9	0,0	0,8	1,7
705	200	9,0	33,7	57,0	11,0	23,6	35,0	11,0	23,0	25,0	0,0	9,5	11,0	0,0	1,2	5,2	0,0	2,1	4,0
706	0	0,0	0,0	0,0	0,0	0,0	0,0	0,0	0,0	0,0	0,0	0,0	0,0	0,0	0,0	0,0	0,0	0,0	0,0
707	23789	0,8	2,2	3,3	1,0	1,9	2,3	0,1	0,5	0,7	0,0	0,2	0,2	0,0	0,2	0,7	0,0	0,1	0,4
708	22807	0,9	2,8	5,2	0,4	4,0	4,1	0,0	0,1	2,2	0,0	0,1	2,2	0,0	0,1	0,9	0,0	1,3	2,7

Tableau 6-8 : Résultats de l'algorithme génétique pour les petites instances utilisant l'opérateur de croisement intégratif CH_{INT}

En effet, si les résultats des deux algorithmes surpassent ceux de AG-INT$^{1-2}$, ceux de AG-INT^{DG} sont toutefois meilleurs que ceux de AG-INT^{GD}, notamment pour les instances de type **1 et **5. Ceci peut s'expliquer par deux aspects : *i)* dans les deux cas, l'heuristique améliore la recherche des travaux à placer et ce, par le fait d'être liée directement à la fonction objectif qui est le retard total tout en calculant l'impact de placer ce travail dans une séquence où quelques travaux sont déjà placés et *ii)* commencer à placer les travaux à droite permet à la règle de transition d'être plus directive concernant les travaux de début de séquence pour les instances de type **1 et **5 où les travaux en retard sont généralement à la fin de la séquence.

De même, les éléments de trace, $succ_{ij}(A_t)$ et $pred_{ij}(A_t)$ issus de l'archive, jouent un rôle déterminant pour orienter la règle de transition afin de maintenir et de conserver l'ordre relatif par rapport à un travail déjà placé. De plus, il est à noter que la considération des temps de réglages pour traiter les positions orphelines permet de maintenir des temps de réglage minimaux lors du placement d'un travail *j* entre deux travaux *i* et *k*. Finalement, AG-INT^{DG} trouve les solutions optimales au moins une fois à l'exception de l'instance 704, ce qui n'est pas le cas pour AG-INT^{GD}.

Le sous-groupe de colonnes indexé par AG-INT^{OrOpt} présente les résultats de l'algorithme génétique AG-INT^{DG} où une recherche locale est appliquée à chaque création d'individu avec une probabilité égale à 0.1. L'heuristique de recherche locale utilisée dans ce cas est le *or-opt* [Or, 1976] adaptée au retard total qui est également utilisée par l'algorithme TABOU/VNS de Gagné *et al.* [2005] dont les résultats sont rappelés dans le dernier sous-groupe de colonnes du Tableau 6-8. Dans notre cas, à chaque appel de l'heuristique, nous générons un seul voisinage de taille égale à 40. L'introduction de la recherche locale permet à l'algorithme génétique intégratif d'avoir des résultats similaires à ceux du TABOU/VNS et d'améliorer certains résultats moyens pour les instances 604, 607, 701, 703, 704 705 et 708. Le TABOU/VNS atteint une meilleure performance seulement pour les instances 601 (0.0 contre 0.2) et 707 (0.1 contre 0.2). La recherche locale *or-opt* permet ainsi d'intensifier la recherche dans des espaces de solutions que l'algorithme génétique AG1 n'atteint pas.

En ce qui concerne le nombre d'évaluations réalisées par les différents algorithmes pour résoudre les 32 instances du premier groupe, AG-INT[1-2], AG-INT[GD], AG-INT[DG] et AG-INT[OrOpt] effectue en moyenne respectivement 65 000, 51 000, 33 500, 32 300 et 39 350 évaluations. À titre de rappel, le TABOU/VNS a pour critère d'arrêt 50 000 évaluations.

Au Tableau 6-9, nous présentons les expérimentations, dans un format similaire au Tableau 6-8, pour le deuxième groupe de problèmes proposé par Gagné *et al.* [2002]. Globalement, nous observons un comportement des algorithmes similaire au premier groupe de problèmes. En effet, AG-INT[1-2] améliore tous les résultats de AG1. Ainsi, sur de plus grandes instances, la fixation de positions permet de renforcer la conservation de l'ordre absolu et ainsi d'améliorer le retard total. Il en va de même pour AG-INT[DG] qui donne de meilleurs résultats que AG-INT[GD]. Effectivement, placer les travaux à la fin de la séquence avant ceux en début de séquence permet au croisement hybride CH_{INT} de mieux orienter le placement des travaux grâce à l'heuristique $\overline{H_{ij}}$ et aux réglages normalisés $\overline{s_{ij}}$ de la règle de transition.

Un élément intéressant est le fait que AG-INT[DG] permet d'abaisser les valeurs minimales connues pour les instances 554, 557, 658 et 858. Celles-ci sont présentées avec le symbole (*) au Tableau 6-9. Comme décrit plus en haut, ceci peut être expliqué par la nature des problèmes traités et par le fait que la règle de transition utilise les caractéristiques des problèmes, notamment les dates dues et les temps de réglages dépendants lors du calcul de l'heuristique $\overline{H_{ij}}$. Cependant, pour tous les algorithmes décrits, il reste encore des écarts importants pour les instances de type **1 et **5, et surtout pour l'instance 655 où celui-ci dépasse 200 %. Dans ce cas, ceci est dû à la faible valeur de la fonction objectif.

L'introduction de la recherche locale dans AG-INT[OrOpt] permet de trouver également quatre autres nouvelles valeurs minimales pour les instances 754, 758, 853 et 854 qui sont présentés en rouge dans le Tableau 6-9. L'intensification dans l'espace de recherche par l'intermédiaire de la recherche locale permet d'améliorer la phase d'exploitation de l'algorithme génétique.

PROB	MS	AG1			AG-INT$^{1-2}$			AG-INT^{GD}			AG-INT^{DG}			AG-INT^{OrOpt}			Tabou/VNS		
		MIN	MOY	MAX	MIN	MOY	MAX	MIN	MOY	MAX	MIN	MOY	MAX	MIN	MOY	MAX	MIN	MOY	MAX
551	183	35,5	56,5	82,0	19,5	25,1	41,5	3,2	12,2	25,1	0,0	7,0	20,0	0,0	6,0	20,0	1,1	5,8	10,9
552	0	0,0	0,0	0,0	0,0	0,0	0,0	0,0	0,0	0,0	0,0	0,0	0,0	0,0	0,0	0,0	0,0	0,0	0,0
553	40540	0,8	1,9	2,8	0,5	1,2	2,5	0,4	0,9	1,8	0,0	0,2	0,6	0,0	0,2	0,6	0,3	0,5	0,9
554	14653	2,7	4,8	7,1	1,2	3,9	7,0	0,8	2,6	5,2	0,0*	0,7	1,6	0,0*	0,4	1,5	0,4	2,3	5,5
555	0	0,0	0,0	0,0	0,0	0,0	0,0	0,0	0,0	0,0	0,0	0,0	0,0	0,0	0,0	0,0	0,0	0,0	0,0
556	0	0,0	0,0	0,0	0,0	0,0	0,0	0,0	0,0	0,0	0,0	0,0	0,0	0,0	0,0	0,0	0,0	0,0	0,0
557	35813	1,7	2,9	4,3	0,3	1,5	2,7	0,2	1,1	1,9	0,0*	0,3	0,7	0,0*	0,2	0,7	0,1	0,3	1,2
558	19871	2,8	4,4	6,6	0,5	2,3	4,5	0,4	2,1	4,2	0,0	0,4	1,2	0,0	0,3	1,2	0,0	0,8	1,7
651	268	16,4	43,0	65,3	10,4	19,9	31,3	0,4	10,3	22,0	0,3	9,2	16,0	0,2	3,2	11,2	0,0	2,0	4,5
652	0	0,0	0,0	0,0	0,0	0,0	0,0	0,0	0,0	0,0	0,0	0,0	0,0	0,0	0,0	0,0	0,0	0,0	0,0
653	57569	1,9	2,9	4,8	0,9	2,0	3,6	0,4	1,5	2,4	0,1	0,7	1,3	0,1	0,7	1,3	0,1	0,5	0,8
654	34301	3,5	5,8	7,1	1,4	3,9	5,6	1,0	3,3	6,0	0,5	1,2	2,0	0,5	1,2	2,0	0,5	1,3	3,1
655	2	1200,0	1853,3	2650,0	450,0	975,0	1450,0	350,0	677,5	1200,0	150,0	490,0	1000,0	150,0	250,0	500,0	0,0	125,0	250,0
656	0	0,0	0,0	0,0	0,0	0,0	0,0	0,0	0,0	0,0	0,0	0,0	0,0	0,0	0,0	0,0	0,0	0,0	0,0
657	54895	1,6	2,6	3,3	0,9	1,7	2,9	0,4	1,1	2,0	0,0	0,4	1,0	0,0	0,3	1,0	0,3	0,6	0,9
658	27114	3,6	5,3	7,2	0,7	4,0	6,9	0,3	3,0	6,8	0,0*	0,5	1,5	0,0*	0,3	1,5	0,3	0,5	0,9
751	241	31,5	48,4	56,4	12,4	24,8	39,0	4,1	10,5	20,3	5,5	15,4	28,6	1,6	8,4	17,8	0,0	2,9	5,8
752	0	0,0	0,0	0,0	0,0	0,0	0,0	0,0	0,0	0,0	0,0	0,0	0,0	0,0	0,0	0,0	0,0	0,0	0,0
753	77663	2,5	3,6	4,5	1,6	2,3	4,0	0,9	1,6	2,5	0,4	0,9	2,1	0,2	0,5	1,2	0,1	0,4	0,7
754	35200	3,3	6,9	10,8	2,4	5,1	6,9	1,8	3,1	4,8	0,5	1,6	2,8	0,0*	0,1	0,3	1,4	3,1	4,6
755	0	0,0	0,0	0,0	0,0	0,0	0,0	0,0	0,0	0,0	0,0	0,0	0,0	0,0	0,0	0,0	0,0	0,0	0,0
756	0	0,0	0,0	0,0	0,0	0,0	0,0	0,0	0,0	0,0	0,0	0,0	0,0	0,0	0,0	0,0	0,0	0,0	0,0
757	59735	2,4	3,0	4,0	1,7	2,6	3,4	1,0	1,5	2,5	0,0	0,6	1,2	0,0	0,3	0,5	0,0	0,2	0,5
758	38339	3,3	5,1	6,9	2,8	4,3	7,0	0,5	2,6	4,4	0,9	1,7	3,1	0,0*	0,4	1,5	1,2	2,4	4,1
851	384	27,9	53,6	76,6	19,5	38,9	61,7	13,3	17,4	21,6	8,6	15,8	23,2	2,0	3,6	12,0	0,0	1,8	3,9
852	0	0,0	0,0	0,0	0,0	0,0	0,0	0,0	0,0	0,0	0,0	0,0	0,0	0,0	0,0	0,0	0,0	0,0	0,0
853	97642	2,7	3,5	4,0	2,1	2,8	3,8	0,8	1,4	2,2	0,3	0,9	1,5	0,0*	0,4	0,6	0,2	0,4	0,8
854	79278	4,3	5,2	5,9	3,5	4,4	6,0	1,7	2,7	3,5	0,9	1,9	2,3	0,0*	0,4	0,6	1,1	2,0	3,0
855	283	60,4	75,3	101,1	31,1	54,8	82,3	4,9	18,8	34,6	11,3	17,9	21,6	3,0	15,0	28,0	0,0	13,4	24,4
856	0	0,0	0,0	0,0	0,0	0,0	0,0	0,0	0,0	0,0	0,0	0,0	0,0	0,0	0,0	0,0	0,0	0,0	0,0
857	87244	3,1	4,0	4,9	1,8	3,1	4,2	0,9	1,7	3,1	0,4	1,0	1,9	0,1	0,3	0,5	0,0	0,9	1,8
858	74785	3,4	4,9	6,2	2,3	4,0	5,8	1,0	2,1	2,9	0,0*	0,9	2,9	0,0*	0,1	0,2	1,0	1,8	3,4

Tableau 6-9 : Résultats de l'algorithme génétique pour les grandes instances utilisant l'opérateur de croisement intégratif CH_{INT}

De même, mis à part quelques écarts pour les instances de type **1 et **5, AG-INT^{OrOpt} améliore plusieurs moyennes de l'algorithme TABOU/VNS, notamment pour les instances 654, 657, 658, 754, 758, 854, 857 et 858. Mis à part l'instance 655 où l'écart est égal à 125 % pour les résultats moyens, TABOU/VNS ne surpasse AG-INT^{OrOpt} que sur 7 instances (551, 651, 751, 753, 757, 851 et 855) et ce, avec de faibles écarts. Sur ces 7 instances, 5 sont de types **1 et **5.

Finalement, outre les 8 nouvelles valeurs minimales trouvées, AG-INT^{DG} et AG-INT^{OrOpt} trouvent la meilleure valeur connue pour l'instance 551 alors que TABOU/VNS ne la trouve pas. Concernant les instances 653, 654 et 753, les meilleures solutions sont trouvées par le GRASP de Gupta et Smith, [2006].

En ce qui concerne le nombre d'évaluations effectuées pour résoudre les 32 instances du deuxième groupe, les algorithmes AG-INT$^{1-2}$, AG-INT^{GD}, AG-INT^{DG} et AG-INT^{OrOpt} effectue en moyenne respectivement 58 000, 53 400, 56 700 et 62 300. Pour ce groupe d'instances, les algorithmes ne s'arrêtent qu'après 3000 générations ou avoir trouvé un retard total nul puisqu'aucune solution optimale n'est connue.

Le Tableau 6-10 présente les temps moyens d'exécution en minutes (TM) ainsi que les générations moyennes (GMS) à laquelle la meilleure solution a été trouvée pour les différents algorithmes pour le premier groupe de problèmes. Nous remarquons que l'algorithme AG-INT$^{1-2}$ consomme plus de temps que AG1 et ceci découle de la gestion de l'archive et du calcul de la liste des positions d'insertion. De même, en introduisant la règle de transition, les algorithmes AG-INT^{GD} et AG-INT^{DG} ont des temps moyens d'exécution similaires mais supérieurs à ceux de AG-INT$^{1-2}$. L'introduction de la recherche locale au niveau de l'algorithme AG-INT^{OrOpt} augmente à son tour le temps moyen d'exécution de 20 % par rapport à AG-INT^{GD} et AG-INT^{DG}.

En ce qui concerne la génération moyenne à laquelle la meilleure solution est trouvée, les algorithmes AG-INT$^{1-2}$, AG-INT^{GD} et AG-INT^{DG} obtiennent des résultats similaires mais inférieurs à ceux de AG1. La diversité permet ainsi de trouver de meilleures solutions plus tardivement. Nous notons toutefois que l'algorithme AG-INT^{OrOpt} a une GMS inférieure à tous les autres algorithmes pour tous les groupes d'instances. L'intensification joue alors le rôle anticipé de trouver la meilleure solution plus rapidement.

		AG1	AG-INT$^{1-2}$	AG-INT^{GD}	AG-INT^{DG}	AG-INT^{OrOpt}
15 travaux	TM	0	0,9	1,1	1,1	1,9
	GMS	940	1328	1720	1802	745
25 travaux	TM	0,1	1,2	2,3	2,3	2,8
	GMS	1536	1824	1945	1883	675
35 travaux	TM	0,5	2,6	3,7	3,6	4,3
	GMS	2435	1920	2015	2117	1832
45 travaux	TM	1,4	2,9	4,8	4,8	5,6
	GMS	2376	1845	2041	1996	1657

Tableau 6-10 : Temps d'exécution et génération de la meilleure solution pour les petites instances

Le Tableau 6-11 présente les temps moyens d'exécution ainsi que les générations moyennes à laquelle la meilleure solution a été trouvée par les différents algorithmes pour le deuxième groupe de problèmes. Nous remarquons que ces résultats sont similaires à ceux du groupe du premier groupe présentés au Tableau 6-10. Toutefois, nous notons une augmentation des temps moyens d'exécution.

		AG1	AG-INT$^{1-2}$	AG-INT^{GD}	AG-INT^{DG}	AG-INT^{OrOpt}
55 travaux	TM	1,8	2,3	3,4	3,2	4,2
	GMS	1875	1328	1720	1802	1556
65 travaux	TM	2,2	3,1	4,2	3,9	5,3
	GMS	2346	1824	1945	1883	1712
75 travaux	TM	2,9	3,5	4,9	5,3	7,1
	GMS	2630	1920	2015	2117	1887
85 travaux	TM	2,9	3,9	6,1	6,4	8,7
	GMS	2417	1845	2041	1996	2137

Tableau 6-11 : Temps d'exécution et génération de la meilleure solution pour les grandes instances

6.5 Conclusion

Au Chapitre 4, nous avons observé l'insuffisance d'intensification au sein de l'algorithme génétique proposé. Pour pallier à cette carence, nous avons proposé, dans ce présent chapitre, deux algorithmes génétiques hybrides. Le premier intègre une méthode exacte et plus particulièrement, l'ordonnancement basé sur les contraintes tandis que le second intègre des mécanismes d'autres méthodes de résolution pour l'amélioration de la performance. La revue de littérature a montré que de telles hybridations, spécialement pour celles qui intègrent des méthodes exactes, étaient connues pour être gourmandes en termes de consommation temporelle. Cependant, elles représentent des avenues de recherche très prometteuses et les concepts introduits dans les deux hybridations proposées dans ce chapitre priment davantage que la consommation temporelle pour en déterminer leur intérêt pour l'amélioration de la performance.

Le premier algorithme hybride est de type collaboratif où l'approche d'ordonnancement basé sur les contraintes présenté au Chapitre 5 a été intégrée au niveau d'un croisement hybride CH_{CBS} et d'un processus d'intensification. Le croisement hybride CH_{CBS} utilise des contraintes de précédence directes identifiées à partir des parents et ajoutées au modèle d'ordonnancement basé sur les contraintes présenté au Chapitre 5. Le processus d'intensification fonctionne, quant à lui, avec deux procédures d'intensification différentes : la première optimisant le retard total alors que la deuxième optimise le *Makespan*. Tout en fixant un certain nombre de positions, les deux procédures tentent de résoudre le problème en optimisant le retard total ou le *Makespan*. L'utilisation de ces deux procédures a permis à l'algorithme hybride collaboratif de diversifier et d'intensifier la recherche. L'optimisation du *Makespan* a permis à cette procédure d'améliorer les résultats d'une certaine catégorie de problèmes traités. En général, l'utilisation de la conservation de l'ordre relatif a permis à cet algorithme d'améliorer tous les résultats par rapport à un algorithme génétique classique (AG1). L'algorithme hybride collaboratif présenté dans la première partie de ce chapitre constitue la troisième contribution de cette thèse et a fait l'objet d'une publication dans Sioud *et al.* [2010].

Le deuxième algorithme hybride proposé est, quant à lui, de type intégratif. En effet, nous avons introduit au sein de ce l'algorithme génétique un croisement hybride CH_{INT} qui utilise la technique d'archivage issue de l'optimisation multi-objectifs, l'utilisation des domaines et la propagation des contraintes issus de la programmation par contraintes et finalement une règle de transition similaire à celle utilisée par une fourmi au sein d'une optimisation par colonie de fourmis. L'archive est utilisée pour déterminer les domaines de positions associés aux travaux afin de les utiliser pour fixer des positions avec certains travaux pour conserver et préserver l'ordre absolu. La règle de transition introduite utilise également l'archive pour déterminer la matrice de phéromone. En effet, la trace utilise l'information dans l'archive entre les différents travaux et leurs successeurs. La règle de transition introduit également un nouvel élément, en l'occurrence, une fonction de regard vers l'avant qui fonctionne comme le *foward-cheking* au sein de la programmation par contraintes. Cette heuristique calcule l'impact de l'insertion d'un travail sur la fonction objectif de l'enfant généré. De même, la règle de transition est modifiée pour s'adapter au placement à gauche de la section de croisement fonctionnant comme une fourmi à rebours. Le cas des positions orphelines, où le travail à placer est entre deux positions déjà fixées, est également traité et intégré à la règle de transition.

Le croisement hybride CH_{INT} est appliqué en trois étapes : *i)* un certain nombre de travaux est fixé en utilisant les domaines issus de l'archive, *ii)* la section de croisement est placée de manière à ne pas la briser comme dans *RMPX* et iii) la règle de transition est utilisée pour placer les travaux à droite et à gauche de la section de croisement. Les listes de travaux respectives pour le remplissage de gauche et de droite sont construites dans l'ordre d'apparition du deuxième parent.

Les résultats de cet algorithme hybride intégratif montrent que les différents éléments ont tous eu un impact positif sur la performance de l'algorithme. La fixation des positions grâce aux domaines construits à partir de l'archive a permis, en effet, de préserver l'ordre absolu. La règle de transition, en utilisant l'information collectée à partir de l'algorithme génétique via l'archive, préserve quant à elle l'ordre relatif tout en plaçant les travaux de manière à prendre en compte les caractéristiques des problèmes, notamment les dates dues grâce à la fonction de regard vers l'avant. Grâce à tous ces éléments, cet algorithme a pu trouver de nouvelles bornes inférieures pour certaines grandes instances.

L'algorithme hybride intégratif présenté dans la deuxième partie de ce chapitre constitue la quatrième contribution de cette thèse et fera l'objet de publications dans une conférence et dans une revue.

CHAPITRE 7

CONCLUSION ET PERSPECTIVES

7.1 Conclusion

Dans cette thèse, nous avons proposé plusieurs approches de résolution pour le problème de machine unique avec temps de réglages dépendants de la séquence. Ces approches sont principalement basées sur deux classes de méthodes : les algorithmes génétiques et l'ordonnancement basé sur les contraintes. L'intérêt de traiter cette problématique provient de trois raisons principales. En premier lieu, dans tout système de production, il existe souvent une machine dite goulot d'étranglement (*bottleneck*), et c'est par cette machine que passe la majorité, voire la totalité, des travaux dans plusieurs cas [Pinedo et Chao, 2000; Pinedo, 2002]. L'ordonnancement des travaux sur cette machine représente une manière d'aborder et de traiter l'ensemble du système de production. De même, c'est à partir du traitement de cette configuration d'usine qu'il est possible d'étendre la réflexion vers des configurations de systèmes de production réels plus complexes rencontrées de plus en plus de nos jours [Pinedo et Chao, 2000; Pinedo, 2002]. En deuxième lieu, le traitement des temps de réglages dépendants de la séquence est justifié par l'historique de l'ordonnancement. En effet, la non-considération des temps de réglages ou la considération des temps de réglages comme étant indépendants de la séquence est en fait une simplification du problème d'ordonnancement qui n'est pas justifiée [Allahverdi et al., 1999; Aquilano et al., 2005; Allahverdi et al., 2008]. En effet, diverses études ont démontré l'impact des temps de réglages sur les différents systèmes de production et la conséquence de les négliger, afin d'améliorer les délais de livraison [Beckman, 2009; Danford et Jordan, 2009]. En troisième lieu, très peu de travaux dans la littérature ont abordé cette problématique à l'aide des algorithmes génétiques, et les résultats obtenus à l'aide de cette métaheuristique sont généralement décevants. Cette situation portait à penser que ce type d'algorithmes était peut-être mal adapté aux spécificités de ce problème.

La réalisation des différents objectifs spécifiques fixés au début de cette thèse a permis d'apporter plusieurs contributions. Le premier objectif consistait à *concevoir un algorithme génétique performant à l'aide d'opérateurs génétiques spécifiquement adaptés au problème d'ordonnancement à machine unique avec des temps de réglage dépendants de la séquence d'entrée.* Ainsi, les travaux présentés dans la première partie du Chapitre 3 ont permis d'identifier et de comprendre le rôle des différents mécanismes dans les algorithmes génétiques en général. Nous avons ainsi remarqué que la phase d'initialisation est très importante dans ce type d'algorithmes. En effet, elle doit permettre de générer des individus qui sont bien répartis dans l'espace des solutions pour fournir à l'algorithme génétique un matériel génétique varié lui permettant d'explorer un espace de recherche prometteur. Pour cela, nous avons élaboré deux heuristiques gloutonnes basées respectivement sur les dates dues des travaux et les temps des réglages. L'objectif derrière l'utilisation d'informations spécifiques au problème dans le processus d'initialisation vise à obtenir une population initiale assez variée et contenant des individus prometteurs afin de rendre l'algorithme génétique plus performant.

Dans la dernière partie du Chapitre 2 concernant la revue de la littérature du problème *MURDS*, plusieurs auteurs ont mis en évidence la nécessité de conserver l'ordre absolu et l'ordre relatif lors de la résolution du problème *MURDS* [Rubin et Ragatz, 1995; Armentano et Mazzini, 2000; Tan *et al.*, 2000; França *et al.*, 2001]. La position relative représente la position d'un travail j par rapport à un autre travail adjacent i. La position absolue, quant à elle, représente la position précise d'un travail j dans la séquence de travaux. Ainsi, lors de la phase de l'évolution de l'algorithme génétique, la conservation de l'ordre relatif consiste à conserver l'adjacence de paire de travaux, alors que la conservation de l'ordre absolu consiste à garder des travaux à leurs emplacements initiaux. Dans ce même ordre d'idées et toujours pour la réalisation du premier objectif spécifique, nous avons introduit un nouvel opérateur de croisement noté *RMPX* qui permet de conserver à la fois l'ordre relatif et l'ordre absolu. Les expérimentations sur deux groupes de problèmes ont montré que cet opérateur de croisement produit de meilleurs résultats que les opérateurs de croisement classiques tels *OX*, *MPX*, *PMX* ou *ERX*. Ces résultats expérimentaux ont également montré l'importance d'adapter les différents opérateurs d'un algorithme génétique au problème étudié. En effet, les algorithmes génétiques proposés jusqu'à présent dans la littérature se sont avérés très peu efficaces pour résoudre ce problème. Cette situation s'explique sans doute par le fait que ceux-ci utilisent tous des opérateurs de croisement classiques qui ne sont pas adaptés aux spécificités du problème *MURDS*. Concernant les résultats obtenus, l'algorithme génétique proposé surpasse tous les *AG*s de la littérature pour les instances de problèmes testés. Toutefois, ces résultats présentent des écarts importants par rapport au *Tabou/VNS* qui est la méthode de résolution la plus performante retrouvée dans la littérature. Également, avec la relaxation du critère d'arrêt de l'algorithme génétique, nous avons pu observer la carence de l'algorithme au niveau de l'intensification. Nous avons alors cherché à explorer la conception d'algorithmes génétiques hybrides pour améliorer le processus d'intensification de cet algorithme en utilisant une méthode exacte et des mécanismes appartenant à d'autres méthodes de résolution afin d'en améliorer la performance. La décision d'utiliser la programmation par contraintes, et plus spécifiquement l'ordonnancement basé sur les contraintes, provient du fait que l'on retrouve peu de travaux en ordonnancement qui utilisent cette méthode exacte.

Le deuxième objectif consistait à *résoudre le problème MURDS en utilisant l'ordonnancement basé sur les contraintes*. Cet objectif a été atteint au Chapitre 5 de cette thèse en proposant une modélisation et des algorithmes de résolution basés sur la programmation par contraintes. En effet, en s'appuyant sur les représentations et les techniques de cette approche, divers types de variables et de contraintes ont été développés spécifiquement pour les problèmes d'ordonnancement [Baptiste *et al.*, 2001]. Ainsi, pour un modèle donné, il est possible de le résoudre avec des algorithmes différents. Pour cela, nous avons utilisé un solveur commercial, en l'occurrence la plateforme ILOG CP™, et plus précisément deux de ses composants : ILOG SCHEDULER™ 6.0 [ILOG, 2003a] et ILOG SOLVER™ 6.0 [ILOG, 2003]. Dans un premier temps, nous avons formulé le problème *MURDS* en modélisant les différents composants du problème : la machine unique, les activités représentant les travaux, les temps de réglages et la fonction objectif. La résolution s'est faite, quant à elle, de manière itérative. En effet, nous avons premièrement déterminé le *Goal* à utiliser. En ordonnancement basé sur les contraintes, un *Goal* est la procédure de recherche dans l'espace des solutions. Ensuite, nous avons identifié le sélectionneur d'activités qui représente l'heuristique de choix de l'activité à ordonnancer pour enfin définir la méthode de parcours de l'arborescence. En guise de rappel, ILOG SOLVER™ 6.0 [ILOG, 2003] utilise un algorithme d'évaluation et de séparation pour résoudre un problème donné. Concernant les résultats trouvés pour les instances proposées par Rubin et Ragatz [1995], cet algorithme a pu résoudre 16 des 32 instances à l'optimalité en moins de dix minutes de temps d'exécution. En ce qui concerne les instances proposées par Gagné *et al.* [2002], les résultats trouvés donnent de plus grands écarts par rapport à la meilleure solution connue. Ainsi, avec des temps de calculs prohibitifs, les résultats trouvés sont généralement très loin des meilleures solutions connues. Toutefois, le fait de constater des performances intéressantes pour de petites instances laisse envisager son utilisation dans le cadre d'une hybridation. En effet, cette méthode de résolution peut être utilisée pour résoudre des sous-problèmes de petite taille dans un temps raisonnable et ainsi agir comme processus d'intensification dans une hybridation. Cependant, il faut l'utiliser avec parcimonie afin d'éviter une augmentation des temps de calcul avec l'augmentation de la taille de l'instance traitée.

Le troisième objectif de cette thèse consistait à *concevoir une approche hybride efficace et originale impliquant un algorithme génétique et la programmation par contrainte.* Cet objectif a été atteint dans la première partie du Chapitre 6. En effet, nous avons introduit un algorithme génétique hybride collaboratif selon la classification de Puchinger et Raidl [2005]. Dans un premier temps, l'approche d'ordonnancement basée sur les contraintes élaborée au Chapitre 5 a été introduite lors du processus de croisement de l'algorithme génétique proposé au Chapitre 4 pour ainsi créer un croisement hybride noté CH_{CBS} qui possède la caractéristique de conserver l'ordre relatif. Après la sélection de deux parents, CH_{CBS} récupère toutes les contraintes de précédence directes se trouvant dans les deux parents. Ces contraintes sont ensuite ajoutées au modèle d'ordonnancement basé sur les contraintes. Dans un deuxième temps, l'approche d'ordonnancement basée sur les contraintes élaborée au Chapitre 5 a été intégrée lors de la phase d'intensification de l'algorithme génétique. Cette phase permet, quant à elle, de préserver l'ordre absolu. Après avoir fixé une portion d'une séquence de travaux, le modèle d'ordonnancement basé sur les contraintes tente de résoudre le problème en minimisant le retard total ou le *Makespan* selon deux processus distincts. Nous avons pu remarquer que, pour certaines caractéristiques du problème traité, l'utilisation du *Makespan* à titre d'objectif de recherche permet d'apporter de la diversité et une certaine forme d'intensification dans le processus de recherche, permettant l'amélioration de la performance de l'algorithme génétique. En effet, les résultats expérimentaux ont démontré que la combinaison de l'opérateur de croisement CH_{CBS}, qui conserve l'ordre relatif, et des deux processus d'intensification, qui conservent l'ordre absolu, permet d'améliorer la performance de l'algorithme. Toutefois, nous avons noté une augmentation importante du temps de traitement de l'algorithme résultant de l'hybridation d'une métaheuristique avec une méthode exacte comme l'ont constaté de nombreux auteurs [Talbi, 2002; Jourdan *et al.*, 2009; Talbi, 2009]. Toutefois, les concepts introduits doivent primer davantage que la rapidité de calculs pour l'évaluation de l'intérêt de telles approches afin d'améliorerla performance.

Finalement, le dernier objectif de cette thèse consistait à *concevoir une approche hybride efficace et originale incorporant le fonctionnement d'autres techniques dans un algorithme génétique*. Cet objectif a été atteint dans la deuxième partie du Chapitre 6. En effet, nous avons proposé un algorithme génétique hybride intégratif selon la classification de Puchinger et Raidl [2005]. L'hybridation s'est effectuée au niveau d'un nouvel opérateur de croisement noté CH_{INT}. Ce dernier utilise la technique d'archivage issue des algorithmes évolutionnaires multi-objectifs, l'utilisation des domaines et la propagation des contraintes issues de la programmation par contraintes, et finalement l'utilisation d'une règle de transition similaire à celle utilisée par une fourmi au sein d'une optimisation par colonie de fourmis. Cet opérateur fonctionne en trois étapes : *i)* il fixe des positions avec des travaux à partir de domaines calculés à partir d'une archive, *ii)* il place la section de croisement à partir du premier parent et *iii)* il utilise une règle de transition pour compléter la construction de la séquence sur la base de deux listes formées à partir du deuxième parent. L'archive permet de déterminer des domaines de positions associés aux travaux afin de fixer des positions et conserver par la suite l'ordre absolu. Cette archive est également utilisée comme élément de trace par la règle de transition. Cette dernière introduit également un nouvel élément, en l'occurrence une fonction de regard vers l'avant qui fonctionne comme le *forward-checking* et le *look ahead* au sein de la programmation par contraintes. Cette heuristique calcule l'impact de l'insertion d'un travail sur la fonction objectif de l'enfant généré. De même, la règle de transition a été modifiée pour s'adapter au placement à gauche de la section de croisement fonctionnant comme une fourmi à rebours. Le cas des positions orphelines, où le travail à placer est entre deux positions déjà fixées, a été traité et intégré dans la règle de transition. Les résultats de cet algorithme hybride intégratif montrent que les différents éléments ont tous eu un impact positif sur la performance. Par leurs biais, cet algorithme hybride produit des résultats comparables au *Tabou/VNS* à l'exception de quelques instances. De plus, il a permis de trouver de nouvelles bornes inférieures pour quelques grandes instances.

En résumé, ce travail de recherche a permis d'apporter deux catégories de contributions. La première catégorie d'apports de cette thèse regroupe les contributions algorithmiques. Dans cette catégorie, nous pouvons énumérer les opérateurs génétiques spécifiques, la modélisation et la résolution par l'ordonnancement basé sur les contraintes et les deux hybridations. Dans un premier temps, nous avons élaboré deux heuristiques utilisées pour la phase d'initialisation ainsi qu'un opérateur de croisement, tous trois liés et adaptés aux caractéristiques du problème *MURDS*. Dans un deuxième temps, nous avons modélisé et résolu le problème *MURDS* avec l'ordonnancement basé sur les contraintes en utilisant la plateforme commerciale ILOG CP™ par l'intermédiaire d'API C++ dédiées. Dans un troisième temps, nous avons élaboré une approche hybride collaborative où nous avons intégré l'ordonnancement basé sur les contraintes au sein d'un opérateur de croisement et du processus d'intensification de l'algorithme génétique pour en améliorer la performance. Ainsi, nous avons intégré de façon originale une méthode exacte au sein d'une métaheuristique à base de populations pour en améliorer la performance. Finalement, nous avons élaboré une approche hybride intégrative originale, où nous avons intégré des techniques issues des algorithmes évolutionnaires multi-objectifs, de la programmation par contraintes et de l'optimisation par colonie de fourmis dans un algorithme génétique.

La deuxième catégorie de contributions consiste en la mise en place d'une méthodologie de développement de méthodes de résolution adaptées à un problème d'optimisation donné. En effet, les études réalisées ont permis de concevoir un algorithme génétique adapté au problème *MURDS* en utilisant des opérateurs génétiques spécifiques. De même, les travaux réalisés lors de l'élaboration des divers schémas d'hybridation ont permis d'identifier et de déterminer divers processus permettant d'intensifier la recherche dans un algorithme génétique et d'en améliorer la performance. Ainsi, nous avons proposé deux approches originales et performantes de résolution pour un problème d'ordonnancement incluant des temps de réglages dépendants de la séquence des travaux. Nous pouvons donc en conclure que les travaux réalisés dans cette thèse ont

168

permis d'atteindre l'objectif général de ce travail de recherche à savoir : *proposer des approches originales au problème d'ordonnancement à machine unique avec des temps de réglages dépendants de la séquence d'entrée de façon à se rapprocher des besoins de l'industrie.*

7.2 Perspectives de recherche

À la suite de ce travail de recherche, plusieurs perspectives s'ouvrent à nous. En premier lieu, la méthodologie développée pour concevoir l'opérateur de croisement et les heuristiques utilisées pour la phase d'initialisation peut être étendue aux opérateurs de mutation ainsi qu'à celui de sélection. En effet, il serait possible d'adapter des opérateurs de mutation et de sélection aux problèmes *MURDS* au lieu des opérateurs classiques utilisés. Nous pourrions ainsi concevoir des opérateurs qui conserveraient également l'ordre absolu et relatif. De même, cette méthodologie peut être étendue à la conception d'opérateurs adaptés afin de résoudre d'autres problèmes d'optimisation combinatoire pour lesquels les opérateurs de croisement classiques ne sont pas performants.

En deuxième lieu, plusieurs perspectives peuvent être envisagées concernant l'ordonnancement basé sur les contraintes. En effet, il serait possible de concevoir nos propres heuristiques de choix d'activités ainsi que nos propres algorithmes de parcours de l'arbre de recherche, plutôt que d'utiliser les heuristiques proposées par ILOG. Ces algorithmes seraient ainsi mieux adaptés aux problèmes d'ordonnancement traités. De même, il serait possible de concevoir des bornes supérieures et inférieures plus adaptées pour améliorer l'élagage de branches pendant le processus de parcours de l'arbre de recherche.

En troisième lieu, concernant l'algorithme hybride collaboratif, nous avons pu remarquer que l'adjonction de contraintes de précédence directes au modèle d'ordonnancement basé sur les contraintes a permis d'améliorer la performance de l'algorithme génétique en utilisant l'opérateur de croisement CH_{CBS}. Nous pourrions donc envisager d'ajouter d'autres types de contraintes, comme des contraintes de précédence indirectes entre deux travaux ou encore des contraintes de précédence impliquant plus de deux travaux. De même, nous pourrions concevoir un mécanisme pour récupérer l'information des contraintes de précédence à partir de plus de deux parents ou encore à partir d'une archive comme pour l'opérateur de croisement CH_{INT}. Il serait également possible, en fonction des caractéristiques des problèmes traités, de favoriser l'exécution de l'un des processus d'intensification par rapport au deuxième et rendre ainsi l'algorithme adaptatif.

En quatrième lieu, concernant l'algorithme hybride intégratif, nous pourrions concevoir et évaluer d'autres mécanismes pour la fixation des travaux dans la première phase de l'opérateur de croisement CH_{INT}. En effet, nous pourrions introduire un système de mémoire à long terme pour tous les travaux ou pour un ensemble de travaux, et en déterminer ainsi les positions éventuelles à fixer, ces positions pouvant être éventuellement successives. Également, nous pourrions raffiner le concept de regard vers l'avant. Ce même processus pourrait être utilisé dans d'autres problèmes d'optimisation combinatoire.

Finalement, nous avons pu constater que les schémas d'hybridation présentés dans cette thèse, et notamment le schéma collaboratif, étaient gourmands en termes de consommation de temps de calculs. Afin d'atténuer celui-ci tout en maintenant la performance de ces algorithmes, plusieurs travaux pourraient être envisagés. En effet, nous pourrions développer des versions parallèles des schémas d'hybridation proposés, ou encore utiliser des coopérations parallèles de type modèle en îles. Ce type de coopération semble être prometteur, notamment avec les percées technologiques permettant de développer une puissance de calculs de plus en plus importante par l'utilisation des grilles de calculs ou encore pour le calcul pair à pair.

RÉFÉRENCES

Allahverdi, A., J. N. D. Gupta and T.A. Aldowaisan (1999). "A review of scheduling research involving setup considerations." Omega **27**: 219-239.

Allahverdi, A., C. T. Ng, T. C. E. Cheng and M. Y. Kovalyov (2008). "A survey of scheduling problems with setup times or costs." European Journal of Operational Research **187**(3): 985-1032.

Anghinolfi, D. and M. Paolucci (2009). "A new discrete particle swarm optimization approach for the single-machine total weighted tardiness scheduling problem with sequence-dependent setup times." European Journal of Operational Research **193**(1): 73 - 85.

Aquilano, N. J., R. B. Chase and M. L. Davis (2005). Fundamentals of Operations Management, New York, Irwin McGraw-Hill.

Armentano, V. A. and R. Mazzini (2000). "A genetic algorithm for scheduling on a single machine with set-up times and due dates." Production Planning & Control **11**(7): 713-720.

Asano, M. and H. Ohta (1996). "Single machine scheduling using dominance relation to minimize earliness subject to ready and due times." International Journal of Production Economics **44**(1): 35- 43.

Bacchus, F. and A. Grove (1995). On the Forward Checking Algorithm. Proceedings First International Conference on Constraint Programming, Cassis, France, Springer Berlin / Heidelberg: 292-309.

Backer, B. D., V. Furnon and P. Shaw (2000). "Solving Vehicle Routing Problems Using Constraint Programming and Metaheuristics." Journal of Heuristics **6**: 501 - 523.

Balakrishnan, N., J. J. Kanet and S. V. Sridharan (1999). "Early/tardy scheduling with sequence dependent setups on uniformparallel machines." Computers & Operations Research **26**(2): 127-141.

Baptiste, P. (1998). Une étude théorique et expérimentale de la propagation des contraintes ressources.Technical Report, Compiègne, Université des Tecnologies de Compiègne. **Ph.D**.

Baptiste, P. and C. LePape (1995). A theoretical and experimental comparison of constraint propagation techniques for disjunctive scheduling. Proceedings of the 14th International Joint Conference on Artificial Intelligence (IJCAI-95), Morgan Kaufmann: 600-606.

Baptiste, P., C. LePape and W. Nuijten (1995). Incorporating efficient operations research algorithms in constraint-based scheduling. Proceeding in the First International Joint Workshop on Artificial Intelligence and Operations, Timberline Lodge, Oregon.

Baptiste, P., C. LePape and W. Nuijten (2001). Constraint-Based Scheduling : Applying Constraint Programming to Scheduling Problems. Norwell, Massachusetts, Kluwer Academic Publishers.

Barnes, J. W. and L. K. Vanston (1981). "Scheduling jobs with linear delay penalties and sequence dependent setup costs." Operations Research **29**: 146-154.

Basseur, M. (2004). Conception d'algorithmes coopératifs pour l'optimisation multiobjectifs : Application aux problèmes d'ordonnancement de type flow-shop. U.F.R. D'I.E.E.A.Technical Report, Lille, Université des sciences et technologies de Lille. **Thèse de doctorat**.

Bates, C. (2008). Shop partners for success. American Machinist. **Rapport technique:** 34-35.

Beasley, J. E. and P. C. Chu (1996). "A Genetic Algorithm for the Set Covering Problem." European Journal of Operational Research **94**: 392 - 404.

Beck, J. C. and L. Perron (2000). Discrepancy Bounded Depth First Search. Second International Workshop on Integration of AI and OR Technologies for Combinatorial Optimization Problems (CP-AI-OR'00), Paderborn, Germany: 8 - 10.

Beckman, L. (2008). Simulation Speeds Part Setups, Reduces Downtime. Manufacturing Engineering : 42 - 47.

Beckman, L. (2009). CAD/CAM for Medical Machining. Manufacturing Engineering : 26- 30.

Beldiceanu, N., E. Bourreau, P. Chan and D. Rivreau (1997). Partial search strategy in CHIP. Proceedings of the second international conference on meta-heuristics, Sophia-Antipolis, France: 35-38.

Ben Hamida, S. (2001). Algorithmes Évolutionnaires: Prise en Compte des Contraintes et Application Réelle. CMAP.Technical Report, Paris, École Polytechnique Paris 11. **Thèse de Doctorat**.

Bennaceur, H. (1996). The satisfiability problem regarded as constraint-satisfaction problem. In Proceeding of the 12th European Conference on Artificial Intelligence, Budapest, Hungary: 125-130.

Berlandier, P. (1995). "Filtrage de problèmes par consistance de chemin restreinte." Revue d'intelligence artificielle **9**(3): 225-238.

Bessière, C., A. Chmeiss and L. Sais (2001). Neighborhood-Based Variable Ordering Heuristics for the Constraint Satisfaction Problem. In Proceedings CP, Paphos, Cyprus: 565-569.

Bessière, C., P. Meseguer, E. C. Freuder and J. Larrosa (1999). "On Forward Checking for Non binary Constraint Satisfaction." Principles and Practice of Constraint Programming: 88-102.

Bessière, C. and J.-C. Régin (2001). Refining the Basic Constraint Propagation Algorithm. International Joint Conference on Artificial Intelligence Seattle, USA: 309-315.

Bierwirth, C., D. C. Mattfeld and H. Kopfer (1996). On Permutation Representations for Scheduling Problems. Proceedings of the 4th International Conference on Parallel Problem Solving from Nature. Springer-Verlag: 310-318.

Bigras, L. P., M. Gamache and G. Savard (2008). "The time-dependent traveling salesman problem and single machine scheduling problems with sequence dependent setup times." Discrete Optimization **5**(4): 663-762.

Black, T., D. Fogel and Z. Michalewicz (2000). Evolutionnary Computation I : basic algorithm and operators. New York, Taylor & Francis

Blazewicz, J., K. H. Ecker, G. Schmidt and J. Weglarz (1994). Scheduling in Computer and Manufacturing Systems. Springer - Verlag, Second, Revised Edition.

Blum, C. and A. Roli (2001). Metaheuristics in combinatorial optimization :Overview and conceptual comparison.Technical Report, Bruxelles, Belgium, IRIDIA, Université Libre de Bruxelles.

Blum, C., A. Roli and E. Alba (2005). An Introduction to Metaheuristics Techniques, Wiley.

Boisson, J.-C., L. Jourdan, E.-G. Talbi and C. Rolando (2006). Protein Sequencing with an Adaptive Genetic Algorithm from Tandem Mass Spectrometry CEC 2006. Vancouver, Canada.

Boivin, S. (2005). Résolution d'un problème de satisfaction de contraintes pour l'ordonnancement d'une chaîne d'assemblage automobile. Département d'Informatique et de Mathématique. Chicoutimi, Université du Québec à Chicoutimi. **Mémoire M.Sc.**.

Boomsma, W. (2004). A Comparison of Adaptive Operator Scheduling Methods on the Traveling Salesman Problem. Evolutionary Computation in Combinatorial Optimization: 31-40.

Bridges, C. L. and D. E. Goldberg (1991). An analysis of multipoint crossover. In Proceedings of the Foundation Of Genetic Algorithms.

Brown, K. N. (1998). Loading supply vessels by forward checking and unenforced guillotine cuts Proceedings of the 17th workshop of the UK Planning and Scheduling Special Interest Group, University of Huddersfield.

Burke, D. A., K. N. Brown, M. Dogru and B. Low (2007). Supply Chain Coordination through Distributed Constraint Optimisation. In Proceedings of the 9th International Workshop on Distributed Constraint Reasoning, Providence, Rhode Island, U.S.A.

Carlier, J. and P. Chrétienne (1988). Problèmes d'Ordonnancement : Modélisation, Algorithmes et Complexité. Paris, Editions Masson.

Caseau, Y. and F. Laburthe (1999). Effective forgetand-extend heuristics for scheduling problems. Proceedings of the Fourth International Workshop on Integration of AI and OR techniques in Constraint Programming for Combinatorial Optimization Problems (CP-AI-OR'02), Ferrara (Italy).

Cesta, A. and A. Oddi (1996). Gaining Efficiency and Flexibility in the Simple Temporal Problem. Proceedings of the Third International Workshop on Temporal Representation and Reasoning (TIME-96), KeyWest, FL, IEEE Computer Society Press: Los Alamitos, CA: 45-50.

Cheadle, A. M., W. Harvey, A.Sadler, J.Schimpf, K. Shen and M. G. Wallace (2003). ECLiPSe: An Introduction. **Rapport Technique**, London, IC-Parc-03-1, IC-Parc, Imperial College.

Choi, I., S. Kim and H. Kim (2003). "A genetic algorithm with a mixed region search for the asymmetric traveling salesman problem." Computers & Operations Research 30(5): 773-786.

Choobineh, F. F., E. Mohebbi and H. Khoo (2006). "A multi-objective tabu search for a single-machine scheduling problem with sequence-dependent setup times." European Journal of Operational Research 175(1): 318-337.

Chu, P. C. and J. E. Beasley (1997). "A genetic algorithm for the generalised assignment problem." Comput. Oper. Res. 24(1): 17-23.

Chu, P. C. and J. E. Beasley (1998). "Constraint Handling in Genetic Algorithms: The Set Partitioning Problem." Journal of Heuristics 4(4): 323-357.

Chu, P. C. and J. E. Beasley (1998). "A Genetic Algorithm for the Multidimensional Knapsack Problem." Journal of Heuristics 4(1): 63-86.

Cicirello, V. A. (2003). Weighted tardiness scheduling with sequence-dependent setups: A benchmark library. **Rapport Technique**, Pittsburgh, PA, Intelligent Coordination and Logistics Laboratory, Robotics Institute, Carnegie Mellon University.

Coleman, J. B. (1992). "A simple model for optimizing the single machine early/tardy problem with sequence-dependent setups." Production and Operations Management 1(2): 225–228.

Conner, G. (2009). 10 Questions. Manufacturing Engineering: 93-99.

Cook, S. A. (1971). "An Overview of Computational Complexity. Turing award lecture." Communications of the ACM 26(6): 400-408.

Cooper, M. C., D. A. Cohen and P. Jeavons (1994). "Characterising tractables constraints." Artificial Intelligence 65: 347 - 361.

Cotta, C., E.-G. Talbi and E. Alba (2005). Parallel Hybrid Metaheuristics. Parallel Metaheuristics: A New Class of Algorithms. E. Alba. New York, Wiley-Interscience.

Danford, M. and J. Jordan (2009). Shop Reduces Setup Time With Multi-Pallet Machines. Modern Machine Shop: 104,107-108,110,114-115,117.

Darwin, C. (1859). On the Origin of Species by Means of Natural Selection. Londres, John Murray.

Davis, L. (1991). Order-Based Genetic Algorihms and the Graph Coloring Problem Handbook of Genetic Algorithms., Van Nostrand Reinhold, New York: : 72- 90.

Deb, K. and H.-G. Beyer (1999). Self-adaptive Genetic Algorithms with Simulated Binary Crossover.Technical Report, Dortmund, University of Dortmund, Department of Computer Science.

Dechter, R. (1990). "Enhancement schemes for constraint processing : backjumping and cutset decomposition." Artificial Intelligence 41(3): 273-312.

Dechter, R. and D. Frost (2002). "Backjump-based Backtracking for Constraint Satisfaction Problems. ." Artificial Intelligence Review 136: 147-188.

Dechter, R. and I. Meiri (1994). "Experimental evaluation of preprocessing algorithms for constraint satisfaction problems." Artificial Intelligence 68: 211 -241.

Dell'Amico, M., M. Iori and M. Silvano (2004). "Heuristic algorithms and scatter search for the cardinality constrained P//Cmax problem." Journal of Heuristics 10(2): 169-204.

Dimistrescu, I. and T. Stützle (2003). "Combinations of local search and exact algorithms." Lecture Notes in Computer Science 2611: 211-223.

Dorigo, M. and L. M. Gambardella (1997). "Ant colony system: a cooperative learning approach to the traveling salesman problem. ." IEEE Transactions on Evolutionary Computation 1: 53-66.

Du, J. and J. Y. T. Leung (1990). "Minimizing total tardiness on one machine is NP-Hard." Mathematics and Operations Researchs 15: 483-495.

Dumitrescu, I. and T. Stützle (2003). "A Survey of Methods that Combines Local Search and Exact Algorithms." **Rapport technique** AIDA-03-07, FG Intellektik, FB Informatik, TU Darmstadt, Allemagne.

Elliot, H. (1980). "Increasing tree-search efficiency for constraint statisfaction problems." Artificial Intelligence 14: 263-313.

Focacci, F., F. Laburthe and A. Lodi (2002). Local search and constraint programming. In Handbook of Metaheuristics. Norwell, MA, Kluwer Academic Publishers F. Glover and G. Kochenberger,Eds. **57**.

Fogel, L. J., A. J. Owens and M. J. Walsh (1966). Artificial Intelligence through Simulated Evolution, John Wiley.

Fonseca, C. M. and P. J. Fleming (1993). Genetic Algorithm for Multiobjective Optimization : Formulation, Discussion and Generalization, In Proceedings of the Fifth International Conference on Genetic Algorithms, San Mateo, California: 416- 423.

Fox, B. R. and M. B. McMahon (1991). Genetic operators for sequencing problems. In Proceedings of the Foundations of genetic algorithms: 284- 300.

França, P. M., A. Mendes and P. Moscato (2001). "A memetic algorithm for the total tardiness single machine scheduling problem." European Journal of Operational Research(132): 224–242.

Freuder, E. C. (1982). "A Sufficient Condition for Backtrack-Free Search." J. ACM **29**: 24- 32.

Freuder, E. C., R. Dechter, M. L. Ginsberg, B. Selman and E. P. K. Tsang (1995). Systematic versus stochastic constraint satisfaction. 4th International Joint Conference on Artificial Intelligence, IJCAI 1995, Morgan-Kaufmann: 2027- 2032.

Freuder, G. and M. Wallace (2000). "Constraint technology and the commercial world." Intelligent Systems and their Applications, IEEE **15**(1): 20- 23.

Frisch, A. M., I. Miguel and T. Walsh (2001). Modelling a Steel Mill Slab Design Problem. Proceedings of the IJCAI-01 Workshop on Modelling and Solving Problems with Constraints: 39-45.

Frost, D. and R. Dechter (1995). Look-ahead value ordering for constraint satisfaction problems. International Joint Conference on Artificial Intelligence, Montreal, Canada.

Frost, D. and R. Dechter (1995). Look-ahead value ordering for constraint satisfaction problems. In Proceedings IJCAI, Montreal, Québec, Canada: 572- 578.

Frost, D. and R. Dechter (1998). Evaluating Constraint Processing Algorithms. In Workshop on Combinatorial Search and Planning of the Fourth International Conference on Artificial Intelligence, Carnegie Mellon University.

Frutos, A. G., Q. Liu, A. J. Thiel, A. M. W. Sanner, A. E. Condon, L. M. Smith and R. M. Corn (1997). "Demonstration of a Word Design Strategy for DNA Computing on Surfaces. ." Nucleic Acids Research **25**: 4748- 4757.

Gagné, C., M. Gravel and W. Price (2003). A new hybrid Tabu-VNS metaheuristic for solving multiple objective scheduling problems. Proceedings of the Fifth Metaheuristics International Conference, Kyoto, Japan.

Gagné, C., M. Gravel and W. L. Price (2005). "Using metaheuristic compromise programming for the solution of multiple objective scheduling problems." The Journal of the Operational Research Society **56**: 687-698.

Gagné, C., W. L. Price and M. Gravel (2002). "Comparing an ACO algorithm with other heuristics for the single machine scheduling problem with sequence-dependent setup times." Journal of the Operational Research Society **53**: 895-906.

Garey, M. R. and D. S. Johnson (1979). Computers and Intractability: A Guide to the Theory of NP-Completeness New York, NY, W. H. Freeman & Co.

Gaschnig, J. (1978). Experimental case studies of backtrack vs waltz-type vs new algorithms for satisfacing assignment problems. Second Canadian Conference on Artificial Intelligence (CSCSI-78), Toronto, Canada: 268-277.

Gaschnig, J. (1979). Performance measurement and analysis of certain search algorithms.Technical Report, Carregie Mellon University.

Gen, M. and R. Cheng (2000). Genetic Algorithms and Engineering Optimization., John Wiley Sons Inc., USA

George, G. S. (1997). "A Search for Hidden Relationships: Data Mining with Genetic Algorithms." Comput. Econ. 10(3): 267-277.

Ginsberg, M. L. (1993). "Dynamic backtracking." Journal of Artificial Intelligence Research 1: 25-46.

Ginsberg, M. L. and W. D. Harvey (1995). Limited discrepancy search. Proceedings of the Fourteenth International Joint Conference on Artificial Intelligence, Montréal, Québec, Canada: 607-615.

Glover, F. and M. Laguna (1997). Tabu Search, Kluwer Academic Publishers.

Goldberg, D. and R. Lingle (1985). Alleles, loci, and the traveling salesman problem. Genetic algorithms and their applications. In Proceedings of an International Conference on Genetic Algorithms and their Applications, Pittsburgh, PA.

Goldberg, D. E. (1989). Genetic Algorithms in Search, Optimization and Machine Learning. Boston, MA, Kluwer Academic Publishers.

Goldberg, D. E. (1991). "Real-coded genetic algorithms, virtual alphabets and blocking." Complex Systems 5: 139-167.

Gomes, C. P., B. Selman, N. Crato and H. Kautz (2000). "Heavy-Tayled phenomena in Satisfiability and Constraint Satisfaction Prpblems." Journal of Automate Reason 24: 67-100.

Graham, R. L., E. L. Lawler, J. K. Lenstra and A. H. G. R. Kan (1979). "Optimization and approximation in deterministic sequencing and scheduling : a survey. ." Annals of Discrete Mathematics 5: 287-326.

Grefenstette, J., R. Gopal, B. Rosmaita and D. V. Gucht (1985). Genetic algorithms for the traveling salesman problem. Proceeding International Conference Genetic Algorithms and their Applications: 160-168.

Gupta, S. R. and J. S. Smith (2006). "Algorithms for single machine total tardiness scheduling with sequence dependent setups." European Journal of Operational Research 175(2): 722-739.

Haralick, R. M. and G. L. Elliott (1980). "Increasing tree search efficiency for contraint satisfaction problems." Artificial Intelligence 14: 263 - 313.

Harjunkoski, I., V. Jain and I. E. Grossman (2000). "Hybrid mixed-integer/constraint logic programming strategies for solving scheduling and combinatorial optimization problems." Computers & Chemical Engineering 24(2-7): 337-343.

Harvey, W. D. (1995). Nonsystematic backtracking search. CIRL.Technical Report, University of Oregon. **Thèse de doctorat**

Harvey, W. D. (1995). Nonsystematic bactracking search. CIRL. **Rapport Technique**, University of Oregon.

Hmida, A. B., M. J. Huguet, P. Lopez and M. Haouari (2007). "Climbing Depth-Bounded Discrepancy Search for Solving Hybrid Flow Shop Problems." European Journal Of Industrial Engineering 1(2): 223-243.

Hnich, B., Z. Kiziltan, I. Miguel and T. Walsh (2004). "Hybrid Modelling for Robust Solving: Hybrid Optimization Techniques (Editors: Narendra Jussien and Francois Laburthe)." Annals of Operations Research 130: 19-39.

Holweg, M. (2007). "The genealogy of lean production." ournal of Operations Management 25(2): 420 - 437.

Hussain, M. F. and K. S. Al-Sultan (1997). "A Hybrid Genetic Algorithm for Nonconvex Function Minimization." J. of Global Optimization 11(3): 313-324.

ILOG (2003). "ILOG Solver 6.0. User Manual".

ILOG (2003a). "ILOG Scheduler 6.0. User Manual".

Imai, M. (1997). Gemba kaizen: a commonsense low-cost approach to management. New York, McGraw-Hill Professional.

Jouglet, A., C. C. Oguz and M. Sevaux (2009). "Hybrid Flow-Shop: a Memetic Algorithm Using Constraint-Based Scheduling for Efficient Search." Journal of Mathematical Modelling and Algorithms 8(2): 79- 90.

Jourdan, L., M. Basseur and E. G. Talbi (2009). "Hybridizing exact methods and metaheuristics: A taxonomy." European Journal of Operational Research 199(3): 620-629.

Kanellakis, P.-C. and C. H. Papadimitriou (1980). "Local search for the asymmetric traveling salesman problem." Operations Research. 28: 1087-1099.

Kellegöz, T., B. Toklu and J. Wilson (2008). "Comparing efficiencies of genetic crossover operators for one machine total weighted tardiness problem." Applied Mathematics and Computation 199(2): 590-598.

Kolahan, F., M. Liang and M. Zuo (1995). "Solving the combined part sequencing and tool replacement problem for an automated machine center : a tabu search approach." Computers & Industrial Engineering 28: 731-743.

Korf, R. E. (1996). Improved Limited Discrepany search. AAAI: 286-291.

Koza, J. (1992). Genetic Programming: On the Programming of Computers by Means of Natural MIT Press.

Laguna, M. and F.W.Glover (1993). "Integrating target analysis and tabu search for improved scheduling systems." Expert Systems with Applications 6: 287 – 297.

Lawler, E. L. (1979). Preemptive scheduling of uniform parallel machines to minimize the weighted number of late jobs. Rapport Technique, Amsterdam, Centre for Mathematics and Computer Science.

Lawler, E. L., J. K. Lenstra and A. H. G. R. Kan (1981). Computer-Aided Complexity Classification of Deterministic Scheduling Problems. Rapport Technique, Amsterdam, Matematisch Centrum.

Lee, Y. H., K. Bhaskaram and M. Pinedo (1997). "A heuristic to minimize the total weighted tardiness with sequence-dependent setups." IIE Transactions 29: 45-52.

LePape, C. (1994). "Implementation of resource constraints in ilog schedule: A library for the development of constraint-based scheduling systems " Intelligent Systems Engineering 3: 55- 66.

Lhomme, O. (1993). Consistency Techniques for Numeric CSPs. Proceeding of the 13th International Joint Conference on Artificial Intelligence.: 232- 238.

Liao, C. and H. Juan (2007). "An ant colony optimization for single-machine tardiness scheduling with sequence-dependent setups." Computers and Operations Research 34: 1899-1909.

Liaw, C. (2000). "A hybrid genetic algorithm for the open shop scheduling problem." European Journal of Operational Research 124(1): 28-42.

Lin, S. and B. W. Kernighan (1973). "An Effective Heuristic Algorithm for the Traveling-Salesman Problem." Operations Research 21: 498-516.

Lynce, I. and J. Marques-Silva (2002). The Effect of Nogood Recording in MAC-CBJ SAT Algorithms. Workshop on Constraint Solving and Constraint Logic Programming: 123- 137.

Mackworth, A. K. (1977). "Consistency in Networks of Relations." 8(Artificial Intelligence): 99- 118.

Mellor, P. A. (1966). " Review of Job Shop Scheduling." Operations Research Quarter 17: 161-171.

Meseguer, P. (1997). Interleaved Depth-First Search. In the Proceedings of the International Joint Conference on Artificial Intelligence (IJCAI): 1382 - 1387.

Michalewicz, Z. and C. Z. Janikov (1991). Handling constraints in genetic algorithms. In Proceedings of the Fourth International Conference on Genetic Algorithm. ICGA: 151-157.

Milano, M. and A. Roli (2002). On the relation between complete and incomplete search : an informal discussion. CPAIOR'02: 237-250.

Milano, M. and A. Roli (2002). On the relation between complete and incomplete search: An informal discussion. Proceedings of CP-AIOR'02—Fourth Int. Workshop on Integration of AI and OR techniques in Constraint Programming for Combinatorial Optimization.

Mladenovic, N. and P. Hansen (1997). "Variable neighborhood search." Computers & Operations Research 24: 1097-1100.

Montanari, U. (1974). "Networks of Constraints : Fundamental Properties and Applications to Picture Processing." Information Science 7(2): 95-132.

Mühlenbein, H. (1993). Evolutionary Algorithms: Theory and applications, Wiley.

Mühlenbein, H., M. Gorges-Schleuter and O. Krämer (1988). "Evolution algorithms in combinatorial optimization." Parallel Computing 7(1): 65-85.

Mülhenbein, H. and G. Paaß (1996). " From recombination of genes to the estimation of distribution I. Binary parameters." Computer Science Parallel Problem Solving from Nature PPSN IV: 178-187

Nilsson, N. J. (1971). Problem-Solving Methods in Artificial Intelligence, McGraw-Hill Pub. Co.

Nuijten, W. and C. L. Pape (1998). "Constraint-Based Job Shop Scheduling with Ilog Scheduler." Journal of Heuristics 3(4): 271-286.

Nuitjen, W. and E. Aarts (1996). "A Computational study of Constraint Satisfaction for Multiple Capacitated Job-shop Scheduling." European Journal of Operational Research 90: 269- 284.

Oliver, L., D. Smith and J. Holland (1987). A study of permutation crossover operators on the traveling salesman problem. in: Proc. 2nd Int. Conf on Genetic Algorithms Massachusetts Institute of Technology Cambridge, MA: 224-230.

Or, I. (1976). Traveling salesman - type combinatorial problems and their relation to the logistics of regional blood banking.Technical Report, Northwestern University. **Thèse de doctorat.**

Panwalkar, S. S., R. A. Dudek and M. L. Smith (1973). "Sequencing research and the industrial scheduling problem." Symposium on the Theory of Scheduling and Its Apllications: 29-38.

Pape, C. L. (1994). "Implementation of Resource Constraints in ILOG SCHEDULE : A Library for the Development of Constraint-based Scheduling Systems." Intelligent Systems Engineering **3**: 55-56.

Pape, C. L. and P. Baptiste (1999). "Heuristic Control of a Constraint-Based Algorithm for the Preemptive Job-Shop Scheduling Problem." Journal of Heuristics **5**(3): 305-325.

Pelikan, M. and K. Sastry (2006). Scalable Optimization via Probabilistic Modeling : From Algorithms to Applications, Springer.

Pesant, G. and M. Gendreau (1996). "A view of local search in Constraint Programming." Principles and Practice of Constraint Programming—CP'96. Lecture Notes in Computer Science **1118**: 353-366.

Pinedo, M. (2002). Scheduling Theory, Algorithm and Systems. Englewood Cliffs, NJ, Prentice-Hall.

Pinedo, M. and X. Chao (2000). Operations Scheduling with Applications in Manufacturing and Services, McGraw Hill.

Potvin, J.-Y. (1996). " Genetic algorithms for the traveling salesman problem." Annals of Operations Research **63**: 339-370.

Puchinger, J. and G. R. Raidl (2005). Combining Metaheuristics and Exact Algorithms in Combinatorial Optimization: A Survey and Classification. Proceedings of the First International Work-Conference on the Interplay Between Natural and Artificial Computation, Las Palmas, Spain, LNCS: 41 - 53.

Rabadi, G., M. Mollaghasemi and G. C. Anagnostopoulos (2004). "A branch-and-bound algorithm for the early/tardy machine scheduling problem with acommondue-date and sequence-dependent setup time." Computers & Operations Research **31**: 1727–1751.

Ragatz, G. L. (1993). A branch-and-bound method for minimumtardiness sequencing on a single processor with sequence dependent setup times. Proceedings of the 24th Annual Meeting of the Decision Sciences Institute: 1375–1377.

Reeves, C. R. (1995). "A genetic algorithm for flowshop sequencing." Computers and Operations Research **22**(1): 5-13.

Rubin, P. A. and G. L. Ragatz (1995). "Scheduling in a sequence-dependent setup environment with genetic search. " Computers and Operations Research **22**: 85-99.

Ruiz, R. and C. Maroto (2006). "A genetic algorithm for hybrid flowshops with sequence dependent setup times and machine eligibility." European Journal of Operational Research **169**: 781-800.

Schwefel, H. P. (1981). Numerical Optimization of Computer Models. Chichester, Wiley.

Shaw, P. (1998). "Using constraint programming and local search methods to solve vehicle routing problems." Principle and Practice of Constraint Programming— CP98.M. Maher and J.-F. Puget, Eds. Lecture Notes in Computer Science **1520**.

Shingo, S. (1981). "Study of TOYOTA Production System." Productivity Press: 70.

Shingo, S. (1989). "A study of the Toyota Production System." Productivity Press: 187.

Sioud, A., M. Gravel and C. Gagné (2009). New crossover operator for the single machine scheduling problem with sequence-dependent setup times. Proceeding of the 2009 International Conference on Genetic and Evolutionary methods. GEM 09, Las Vegas: 79-84.

Sioud, A., M. Gravel and C. Gagné (2010). Constraint Based Scheduling in a Genetic Algorithm for the Single Machine Scheduling Problem with Sequence Dependent Setup Times. The International Conference on Evolutionary Computation (ICEC' 10): 137-145.

Sioud, A., M. Gravel and C. Gagné (2010). A Modeling for the Total Tardiness SMSDST Problem Using Constraint Programming. Proceedings of the 2010 International Conference on Artificial Intelligence, ICAI 2010, Las Vegas Nevada, USA: 588-594.

Smith, B. M. (1996). Succeed-first or Fail-first : A Case Study in Variable and Value Ordering.Technical Report, Leeds, England, University of Leeds.

Spina, R., L. M. Galantucci, M. Dassisti and (2003). "A hybrid approach to the single line scheduling problem with multiple products and sequence-dependent time." Computers and Industrial Engineering 45(4): 573-583.

Staggemeier, A. T., A. R. Clark, U. Aickelin and J. Smith (2002). A Hybrid Genetic Algorithm to Solve a Lot-Sizing and Scheduling Problem. 16th Triannual Conference of the International Federation of Operational Research Societies, Edinburgh, U.K.

Syswerda, G. (1991). Schedule optimization using genetic algorithms. Handbook of genetic algorithms. V. N. Reinhold.: 322 - 349.

Talbi, E.-G. (2002). "A Taxonomy of Hybrid Metaheuristics." Journal of Heuristics 8: 541-564.

Talbi, E.-G. (2006). Parallel Combinatorial Optimization. USA, John Wiley & Sons.

Talbi, E.-G. (2009). Metaheuristics: From Design to Implementation, Wiley.

Talbi, E.-G., S. Cahon and N. Melab (2007). "Designing cellular networks using a parallel hybrid metaheuristic." Journal of Computer Communications 30(4): 698-713.

Tan, K. and R. Narasimhan (1997). "Minimizing tardiness on a single processor with setup-dependent setup times : a simulated annealing approach." Omega 25: 619-634.

Tan, K. C., R. Narasimhan, P. A. Rubin and G. L. Ragatz (2000). "A comparison of four methods for minimizing total tardiness on a single processor with sequence-dependent setup times." Omega 28: 313-326.

Tana, K. C., E.Burkeb and T. H. Leec (2007). "Evolutionary and meta-heuristic scheduling " European Journal of Operational Research 177(3): 1852-1854

Tasgetiren, M. F., P. Quan-Ke and L. Yun-Chia (2009). "A discrete differential evolution algorithm for the single machine total weighted tardiness problem with sequence dependent setup times." Comput. Oper. Res. 36(6): 1900-1915.

Tennant, G. (2001). SIX SIGMA: SPC and TQM in Manufacturing and Services, Gower Publishing, Ltd

Tsang, E. (1999). "A Glimpse of Constraint Satisfaction." Artificial Intelligence Review 13: 215-227.

Uzsoy, R., C. Y. Lee and L. A. Martin-Vega (1992). "Scheduling semiconductor test operations: minimizing maximum lateness and number of tardy jobs on a single machine." Naval Research Logistics 39: 369-388.

Uzsoy, R., L. A. Martin-Vega, C. Y. Lee and P. A. Leonard (1991). "Production scheduling algorithms for a semiconductor testing facility." IEEE Transactions on Semiconductor Manufacturing 4: 270-280.

Valenzuela, C. L. (2001). "A Study of Permutation Operators for Minimum Span Frequency Assignment Using an Order Based Representation." Journal of Heuristics 7(1): 5-21.

Van-Hentenryck, P. (1990). "A Logic Language for Combinatorial Optimization." Annals of Operations Research 21: 247-274.

Van-Hentenryck, P., Y. Deville and C.-M. Teng (1992). "A Generic Arc-Consistency Algorithm and its Specializations." Artificial Intelligence 57(2-3): 291-321.

Verfaillie, G., D. Martinez and C. Bessière (1999). A generic customizable framework for inverse local consistency. Proceedings of the sixteenth national conference on Artificial intelligence (AAAI'99): 169-174.

Wahlberg, R. (2008). Lean Six Meets Foil Stamping. Graphic Arts Monthly: 19.

Walsh, T. (1997). Depth-bounded Discrepancy Search. Proceedings of the Fifteenth international joint conference on Artifical intelligence (IJCAI'97): 1388-1395.

Waltz, D. L. (1975). Understanding line drawings of scenes with shadows. In The Psychology of Computer Vision, New York, McGraw Hill.

Whitley, Y., T. Starkweather and D. Fuquay (1989). Scheduling problems and traveling salesman: the genetic edge recombination operators. In Proceeding Third International Conference on Genetic Algorithms and their Applications, San Mateo, CA: 133-140.

Yu, H., X. Xu, J. Xue and H. Wang (1999). Genetic Algorithm for Single Machine Scheduling with General Early-Tardy Penalty Weights. In Proceedings of the American Control Conference, San Diego, California: 885-889.

Yunes, T., I. D. Aron and J. N. Hooker (2010). "An Integrated Solver for Optimization Problems." Operations Research 58(2): 342-356.

Zandieh, M. and S. M. T. Fatemi (2003). A framework and a classification scheme for modelling production systems. Proceedings of the Second National Industrial Engineering Conference, Yazd University, Yazd, Iran: 308-315.

Zhou, X. and T. Nishizeki (1999). "Edge-Coloring and f-Coloring for Various Classes of Graphes." Journal of Graph Algorithms and Applications 51: 111-118.

Zhu, X. and W. E. Wilhelm (2006). "Scheduling and lot sizing with sequence-dependent setup: A literature review." IIE Transactions 38(11): 987-1007.

Zinflou, A., C. Gagné and M. Gravel (2007). Crossover operators for the car sequencing problem. 7th European Conference on Evolutionary Computation in Combinatorial Optimisation (EvoCOP'07), Springer-Verlag Berlin Heidelberg: 229-239.

Zitzler, E. and L. Thiele (1999). "Multiobjective Evolutionary Algorithms: A Comparative Case Study and the Strength Pareto Approach." IEEE Transactions on Evolutionary Computation 3: 257-271.

www.ingramcontent.com/pod-product-compliance
Lightning Source LLC
Chambersburg PA
CBHW021049210326
41598CB00016B/1142